宇宙、身體、自在天

印度宗教社會思想中的身體觀

黃柏棋——著

The Cosmos, The Body and Īśvara

Ideals of the Body in Indian Socio-religious History

目錄

謝辭

本書的完成需要感謝多人多方幫忙。首先是政治大學與政大宗教所同仁，同意我出國一年從事專書之撰寫。在這裡，我要特別感謝蔡源林所長的鼎力支持。其次是科技部提供了國外短期研究的經費補助（2016 年 1 月到 7 月），使得我更無後顧之憂地來專注於研究與寫作。天理大學宗教學系接受我當研究員（2015 年 8 月到 2016 年 7 月），並提供了寬敞而明亮的研究室，讓我在心無旁騖，窗前秋楓春櫻相伴之下，得以全力以赴來完成工作。在天理，我要特別感謝人間學院澤井義次院長及其夫人澤井景子女士，在他們的全心幫忙與照顧之下，寫作之進展極為順利。「天理達人」高佳芳老師在生活上多方襄助，感懷在心。親里宗教研究中心前主任佐藤浩司教授之熱心招呼與慷慨協助，亦銘記於內。而天理教海外部在生活上所提供的及時物資支援，人在異地倍感溫馨。此外，天理大學國際交流中心的齋藤俊行先生與資訊室前芝志保女士常給的及時雨幫忙，解決不少日常生活及電腦問題，點滴在心頭。

法融努力整理了第六章的部分文稿，對於巴利與梵語的翻譯上做了諸多貢獻，特此聊表謝意。而詹承學、蘇胤睿及林郁翎三位研究助理辛苦幫忙編輯文稿，實功不可沒，特別是郁翎花了很大力氣潤飾文章內容，而承學又幫忙作了語彙對照表，非常感謝。此外，成功大學歷史系林長寬兄對於本書寫作的鼓勵與打氣讓我覺得吾道不孤，甚表感激。而兩位匿名評審者提供了中懇而寶貴的意見，對文稿內容在完整性與論述之改善上多所助益，但因涉及整體鋪陳方式與實質內容的改變，並無法全部放入，特此說明，並表謝意。

家人的背後支持極為重要，特別是吾妻怡綸長期默默付出，讓我可以專心投入工作，在此表達無盡的謝意。這本書就獻給我的家人。

導論

收錄在此一專書中的七篇文章，所探討的主題圍繞在印度傳統對於身體之看法及其相關論題。印度傳統中的身體觀涉及生靈與神祇，充分表現出身體之存在所關聯的是有關宇宙論（*cosmology*）的意義問題。人及其他生靈之身體皆被視為一個小宇宙（*microcosm*），而與此相對應之大宇宙（*macrocosm*），則不管是天體運行所代表的世界，或神祇所造之世界皆是。大小宇宙之間有無關聯、如何關聯或互不相屬等論述，成了印度宗教社會思想上的一個重大議題。法國哲學家 Vincent Descombes 在其討論人類學整體論（anthropological holism）的專書《意義之制度》（*The Institutions of Meaning, Les institutions de sens*）[1] 中，從法國社會學與人類學的傳統探討了哲學心靈整體論的意涵。他於書中談到整體論與原子論（*atomism*）之間的一些區別：

> 就其最為基本的意義而言，整體論主要是對原子論的拒斥。就語言而論，整體論拒不接受如下之語言構建：一種語言可以為某件事提供某一符號，再為另一件事提供另一種符號，如此等等。原子論者則保留如下權力：指涉第一個符號時，並沒有任何義務來找到第二個符號。其保留認定第一個符號為已完整發展之符號的權力。而就心智來說，整體論拒斥如下的觀念：心智生活可從物理原子中建立出來……。事實

> 上，心智整體論跟語意整體論無法分開：心靈之整體理論是建立在符號的整體理論上。它們轉置為心智行動，讓其再現原先被提出之符號及語言行動。（Descombes, 2014: 96）

這種有關於整體論與原子論之間的論辯，也跟社會學之相關論說至為密切。而以上的概念可適用於印度宗教思想史上對身體觀的不同看法。就其歷史發展情境而論，強調社會秩序之優先性的正統首先出現，婆羅門即認為整體之重要性在個體存在意義之前，種姓制度及相關社會意識形態之提出即是最好例證。而初期沙門傳承，包括耆那教與佛教等宗派領袖，則強調離棄社會才能尋找自我，獲得終極解脫。此一不同的社會整體觀與個人解脫思想，乃於印度思想傳統裡發展出兩套不一樣的身體觀。

服膺社會論或整體論價值的婆羅門，從《梨俱吠陀》（*Ṛg Veda*）開始，認為身體就跟社會一樣，是一個自給自足的有機體。同時，身體也是一個可以跟宇宙秩序相互輝映的組成，具有無法加以化約的意義與價值。而在此一前提下，身體的組合，也變成整體當中「相互依靠之部分」（interdependence of the parts）或「在整體裡面各部分之相連結」（links among the parts with the whole）（Descombes, 前揭書：103）。社會成員必須加以善加維護社會之存在，以保全整體之完備意義。歸結到最後，則「整體比各部分之總數要來的多」（There is more in the whole than sum of its parts）（Descombes, 同前揭處）。

而就初期佛教等沙門傳承而言，種姓制度或社會秩序所代表是對個體心靈的枷鎖。吾人必須離開世間，方有擺脫輪迴之可能。也就在此一前提下，身體所代表的整體意義，遭到強烈之質疑與批判。而身體組成也變成一種各自分離、互不成全的個體。身體各部變成彼此互不相屬的生理器官。整體身體觀因而被解構，變成「原子論式的所有物」（*atomistic properties*），也就是成了將某一部分個別抽離出來看其特有屬性的原子論之身體觀（Descombes, 前揭書：102）。

初期印度宗教社會思想史中有關身體觀的論爭（*polemics*），即是在此一整體論與原子論的較勁與互動中展開。從吠陀時代開始到初期沙門，吾人先見到婆羅門之整體論大展身手。具體代表則為婆羅門思想之永恆回歸的原人（*Púruṣa*）身體。原人之整個身體跟社會新秩序的產生，也就是階級制度的源出，有著不可分開的關係。身體裡面擔當重要而根本職務的部位，有高下之別，也代表著不同階級之間的定位關係，彼此連結形成一個社會有機體。同時，原人的身體亦誕生出包括天體等之宇宙新秩序。身體成了社會與宇宙秩序的源頭。此一秩序觀於初期奧義書在宇宙原則「梵」（*bráhman*）與小宇宙「我」（身體，*ātmán*）連結而成之梵我一如冥想世界裡面，達到一個前有未有的精神昂揚闊步境地。身體儼然成了一個宇宙真實意義的根本處所。然而，接下來的沙門時期則持相反的態度。沙門出世修行思想對於婆羅門身體觀不但不認同，更否定其中所代表的意義。最典型也最具極端的例子即是滅斷派論師所提出的、身體由「四大所成，命終之後，皆悉敗壞，諸根歸空。」以沙門傳承之棄世思想來看，此即是對身體所連結到的感官世界之棄絕，並質問宇宙論所關係到的世界存在之意義，初期佛教之「緣起」（P. *paṭicca-samuppāda*）法，便以不斷生滅變化之世界來取代婆羅門梵我一如的永恆存在宇宙。

由沙門時期最為重要的兩個傳承佛教與耆那教看來，其修行理念皆跟身體之防護觀有著密切關聯。強調苦行的耆那教，對於身體採取最為嚴格的防護態度，也就是佛典裡面所稱的「尼乾子為四禁戒所制御」（*nigaṇṭho cātu-yāma-saṃvara-saṃvuto hoti*）（DN 1: 57）。透過層層攝護與禁制，亦即對於感官世界嚴格管轄，讓身體在跟外在世界接觸時不致遭到染污，苦行者因而得以在清淨路上勇往邁進。[2] 另外，雖然佛陀反對苦行，但對身體的防護也不遺餘力，其主要作法是透過對身體為無常與不淨化身來加觀想，讓僧眾得以時時保持警醒與不放逸的修行姿態。

初期沙門時代之後的印度教復興時期，有關身體觀之話語權又回到婆羅門身上。在這方面，《白騾奧義書》（*Śvetāśvatara Upaniṣad*）在印度正統思想上扮演著承先啟後的關鍵地位，而《薄伽梵歌》（*Bhagavad Gītā*）亦有其重大貢獻。信奉（*Bhakti*）與密續（*Tantra*）兩大中世宗教信仰與實踐運動皆跟《白騾奧義書》有著不可分離的關係。而與時俱進的佛教可做為這個時期的思想變遷的重要參考對象。從初期佛教過渡大乘佛教再進到祕密佛教，這中間的演變都有不少印度教的影子。吾人若從印度教之復興與發展的視野來看佛教思想的重大轉變，當能更為確切地掌握到整個時代的脈動，同時大乘佛教之後發展的具體脈絡變得更為清晰可見。

具體言之，中世印度之身體觀是對婆羅門身體觀的平反與再造。整體論之身體觀又重新回到思想舞台，甚至變成思想論述的前提。身體做為一個宇宙，不但得善加養護，甚至可獲得聖化力量，與神平起平坐。小宇宙的地位回歸到吠陀時代，宇宙原則或整個宇宙乃超越梵，變成與神同在之世界。而新神祇身體的自在變化，也就是自在天（*Īśvara*）的出現，也讓神的身體成為新的焦點。自在天無所不能、無處不在、千變萬化之身體，不但成了救度者（*trātṛ*）與本尊（*iṣṭadevatā*）的具體化身，亦變為信者（*bhakta*）與修法者（*sādhaka*）所加供養與觀想之對象。準此而言，自在天的思想亦在佛教——即觀自在（*Avalokiteśvara*）——出現，其不但改變了佛教之神觀與救度觀，也讓其修行思想有了極大改變，出世修行不再是唯一的解脫之路，世間生活也成了菩薩修行之部分。而真言宗則把初期佛教所反對的婆羅門儀式思想帶進，儀軌（*vidhi*）之修持成為修法者基本而重要之功課。

自此之後，整個印度之宗教發展有了重大轉變，不但救度思想呈現多元化的局面，在家與出世的界限也變得模糊。修行生活與社會生活甚至可相互成全，而不必然有所衝突。此一將原先二元對立思想調合再出發的局面，變成印度中世紀的主流思想。沙門宗教面對此一新形勢，或者像佛教一樣，走向大乘佛教的革命；或者像耆那教一樣，選擇迴避而依然堅守著自己的出世修行立場。然而，此一印度中世宗教大變革已是一條不歸路。印度教所開啟之思想與實踐進路逐漸成為優勢之宗教風潮。

如此看來，自在天思想於中世印度開啟了一個新的身體宇宙意義之互動網。身體整體觀重新整裝出發，變成一個更為神聖的宇宙世界，自在天之身體不但成為信者歸依之所在，隨時隨地化身拯救苦難之身，更加持修法者身體，讓其成為適合本尊安住之所。個人的身體，成了適合神來接納並進駐之小宇宙。而神的身體，也就是無所不在之大宇宙，成了可加欲求神聖施主之屬。大小宇宙之間的關係更形牢固。此一身體觀，對印度宗教影響至深且遠，亦成為近代之前最具影響力之思想觀。而在婆羅門與沙門之身體觀之論戰上，印度教之整體論贏得終極的勝利。

本書在章節上安排上有如下特色。第一部分主要以歷史演變的角度來探討身體觀在初期印度宗教社會思想上的一些來龍去脈。這一部分是屬於早期婆羅門跟沙門之間的互動與對話，讓人相當清楚地見到其中之起承轉合。具體言之，身體觀在印度思想史上所扮演的重要角色，從《梨俱吠陀．原人歌》在印度思想上永恆回歸之影響即可看出端倪。而不管是印度正統對於整體身體觀的辯護，或非正統沙門傳承對於整體身體觀之批判，都可以見出身體之事在印度心靈史上所保有之根本而必須加以面對的地位。

第二部分是對自在思想天與身體觀的考察，而基本上是以《白騾奧義書》為中心所展開之思想探討。《白騾奧義書》不但是中世印度思想最為重要的源頭，裡面所揭櫫的自在天思想更對大乘佛教有著重要的影響。觀自在思想的出現，即為佛教與印度教在這方面互動之最好例證。這一部分即是透過自在天思想之出現探討其對印度教之深遠影響以及中世印度教與佛教之交涉。

另外一個在書中單獨加以處理的，是跟宗教思想關係密切，但比較特殊的神意裁判（*divya*）身體觀。神意裁判是對於身體加以試煉之裁判方式，其涉及的是一個宗教思想主導下的社會之司法對於身體的看法。值得一提的是，神意裁判所涉及的司法正義卻是印歐社會很早就存在的看法，認為身體能承載真理，其跟水火等相關之自然界力量間有著遙相呼應的關係。透過神聖自然秩序之考驗，即可讓真相大白。此一司法身體觀，說明了身體除了可以修煉之外，更是懲戒之源頭。然而，這種懲戒並非是一般的嚴刑拷打，而是對身心之嚴峻考驗，隨時有出現不測之可能。神意裁判之存在意義，頗值得來作比較探討。

綜觀印度宗教社會思想史上所揭櫫對於身體之豐富而多元的

看法，顯示整體論與原子論之間的論辯中不但具有其哲學上的連結，更有其宗教與社會的深刻意涵，甚至有其政治身體上面的關聯性。身體觀之展現在印度心靈史具有重大意義，不管在思想風貌之展現上與宗教社會之實踐上，都留下了深刻而難以磨滅的痕跡。

第一部分

初期身體觀

第一章

身體與普世社會

《梨俱吠陀》之原人歌與創世神話

引言

在論及古代印度文明時，身體的重要隱喻一直在宗教社會思想上有其無可取代的重要性。對婆羅門而言，身體為一小宇宙所涉及的是秩序源起的根本問題。假如整個宇宙的呈現事關普遍秩序或真理（*ṛtá*）的話，則人間首要加以關注問題是與宇宙可以遙相呼應的一種秩序體制之探求。在此一追尋之下，身體做為一生命實體，並成為可跟宇宙秩序相比擬的對應機制。身體這種由不同部位所構成的組織體，不但各個部分職司不同功能，整體上的一統、協調等更促成人體的正常運作，可謂是一個組織嚴密、分工清楚而合作無間的秩序宇宙。而《梨俱吠陀》便是在這些意義下，首次強而有力宣告身體做為一個重要的神聖秩序之示顯。

而古代印度文明的另一個顯著特點則表現於神話創作敘述（*mythopoeia*）上對人間宗教社會（socio-religious）性之首要關注。對於宗教社會秩序而非政治秩序的掛意，成了神話創作敘述上的一個重大主題，而其所反映出的人間現實亦值得探討。就古代文明而言，包括創世等神話製作提供了一個具有不朽意義的理念框架，透過比較分析可將其中的意涵加以澄明。藉著對神話敘述之相互參照，不但超越歷史變遷之理想人間秩序得以彰顯，古代印度文明的定向（orientations）亦得以展現。

1

《梨俱吠陀》第十卷第九十首詩歌也被稱為〈原人歌〉（*Puruṣa Sūkta*），而裡面所提到的原人（*púruṣa*）成為後來印度宗教與哲學論述上的永恆回歸主題。[1] 在詩篇裡面，原人自己做了犧牲奉獻，被視為是神聖社會及宇宙秩序回歸正常的前提。在《梨俱吠陀》之德文譯本裡，Geldner 稱原人為一具有巨大尺寸之人像（ein Mannsbild von riesenhaftem Ausmass, Geldner, 2003, Vol. 3: 286），可謂原人最初之形象。Geldner 亦對這首對於原人的讚歌（*sūktá*）[2] 之十六個詩節做了如下的段章：第一到第四詩節為對跟世界一樣大的原人之所及範圍之敘述；第五節則是原人透過自我繁殖與再生所變成之新世界；六到七節則是眾神象徵性地將再生的原人做為獻祭之犧牲；八到十節為經由獻祭犧牲的分配所產生的創世之部分情況；十一到十四節則描述有機體之宇宙秩序，其組合與元素如何對應於原人之身軀部位；第十五詩節為補遺；最後的第十六詩節則為回顧（Geldner, 2003, Vol.

3: 286）。然而，整首詩歌之敘述手法，常出現頗為晦澀難解之隱喻，而非通曉易懂之讚頌。[3]

詩篇一開始，原人首次出現的場景是有著千首、千眼與千足（*sahásraśīrṣā púruṣaḥ sahasrākṣáḥ sahásrapāt* 1 ab）的混沌狀態。[4] 處於自然狀態中（他覆蓋住了整個地面：*sá bhū́mim̐ viśváto vṛtvā́* 1 c）的原人有其自由及偉大之處，擁有一整個世界（*púruṣa evédám̐ sárvam̐* 2 a），是過去與未來的掌握者（*yád bhūtám̐ yac ca bhávyam* 2 b），更是不朽神界與人間之自在主（*utā́mṛtatvásyéśāno yád ánnenātiróhati* 2 cd）。接下來，則是對於原人過人之處的讚頌：地上所有的生靈為其三分之一，而天上不朽者為其四分之三（*pā́do 'sya víśvā bhūtā́ni tripā́d asyāmṛ́tam̐ diví* 3 cd）。因其貫穿整個天地四方，涵蓋了萬事萬物（*táto víṣvaṅ vyákrāmat sāśanānaśane abhí* 4 cd）。然而這個巨靈卻缺少了可以努力的方向。原人亟需一個新的開始。

所以，在接下來的詩節乃有了新的轉換。原人本身生出（*ajāyata*）另一個新的個體「微羅遮」（*virā́j*），之後再造出新的原人。而在此之後，原人乃展開出一個新的生命歷程。詩節如下：

tásmād virā́ḷ ajāyata virā́jo ádhi púruṣaḥ/
sá jātó áty aricyata paścā́d bhúmim átho puráḥ//

微羅遮從他而生，從微羅遮而出為原人

在其誕生時，綿延於大地，在後，亦在前。

這個簡短、語意又隱而未宣（fruitful ambiguity）的詩節暗藏著不少重要的原人生命進程。然而，要在四個音步（*pāda*）的詩節裡把人的創造相關信息傳達清楚，誠屬不易。原人如何生出另一個個體？此一個體之後又如何產生新的原人？（詩中只說：*virā́jo ádhi púruṣaḥ*（從微羅遮而出為原人）到底微羅遮是何方神聖？事實上，這段敘述不免讓人聯想到《希伯來聖經．創世紀》：先是上帝創造亞當，再從亞當的肋骨造出夏娃。兩人成了人類之祖先。與此相比，《梨俱吠陀》詩人在敘述有關人類源起情節上省略（eclipse of plot）不少，並留下了許多想像空間。如此則讓後來印度教時代的《摩奴法論》（*Manusmṛti*）的婆羅門作者一方面想來了解此一過程，卻又將之放在印度教神話系統，而非吠陀詩歌創作的架構來解釋微羅遮的特殊地位。《摩奴法論》裡面，對於微羅遮之身分有著如下的相關敘述：

在將自己的身體分成兩半之後，一半變成男的，另一半變成女的；在她身上，主宰者〔梵天〕造出微羅遮。

最優秀的再生族啊！要知道，做為這整個世界的創造者，我〔摩奴〕就是微羅遮本身靠苦行創造出的。[5]（1: 32-33）

顯然，在創造出人類之前，必須先要有陰與陽的存在。在《梨俱吠陀》中的微羅遮應該是扮演著與原人互補的陰性配對，比較接近夏娃的角色。而原人與微羅遮的結合，乃產生新的原人（*virā́jo ádhi púruṣaḥ*, 5 b）。Geldner 認為微羅遮代表陰性的創造原則（das weibliche Schöpfungsprinzip, Geldner, 2003, vol. 3: 287 n. 5），可說是合理之解釋。《摩奴法論》的作者固然合情合理地解釋了《梨俱吠陀》中人種起源的神祕問題，也想來理解《梨俱吠陀》中微羅遮所扮演的人類祖先之身分與地位，所以將微羅遮看成是人神之間神聖結合的後代，並將其視為人與宇宙主宰者之間的中介角色。如此一來，其地位不免顯得有點突兀，顯然跟《梨俱吠陀》中詩人在詩歌創作上所做的神話敘述之豐富意涵有著極大距離。

創造微羅遮之後的新原人，在其生命歷程上有了一個新的開始。此時的世界，也因其再生而有了不同的氣象，季節跟著產生（6 cd）。不過，最為重要的轉變則是祭祀（*yajñá*）之產生（7a）。祭祀的產生可能是人間的第一個神聖作為（*kárman*），為聖化人間的重要先決要素。自此之後的人間便充滿祭祀儀禮之相關隱喻。也在此新的宗教作為下，整個人間有了更進一步的開展。在神祇象徵性地將原人做為供物（*havís*）來行祭祀時，其他供物也包括奶油（*ā́jya*）、火用之薪（*idhmá*）等。在此，季節跟供物劃上等號，賦予了神聖時間及季節變換的意義。

看來，沒有經過祭祀或儀式（*vidhi*）來加以聖化的世界，形同沒有秩序來加以規範的原初狀態（*prakṛti*）。只有在原人被犧牲後，一個新的、儀式化的世界才會誕生。這種透過祭祀或儀軌來淨化原初質樸狀態，以達成聖化世界之思想一直貫穿整個印度宗教史。《摩奴法論》有關再生族（*dvija, dvijāti*）之儀式身分可為證：

> 當父母親因彼此愛欲而生下某人的時候，因生於子宮，其出生應該被視為出世而已。
> 而精通吠陀，按照規矩之軌範師，藉由莎維德麗讚歌生下某人的那次出生則是真實、不老和不死的。[6]（2: 147-148）

一旦祭祀行為開始，則原人的角色變得更為吃重，整個世界也因為完整獻祭（*sarvahút*, 8a 及 9a）的關係變得豐盛而熱鬧起來。飛禽走獸等牲畜（*paśú*）的產生及森林村莊的形成都跟祭祀有關。馬、母牛、山羊、綿羊等牲畜都可做為獻祭，而森林及村莊則是這些牲畜放養的場所。獻祭犧牲對於祭祀有效與否，顯然有其關聯性。（8 cd）

有了牲畜做為祭祀供品之後，接下來包括詩歌之獻祭，包括讚歌（*ṛ́c*）、旋律（*sā́man*）、音律（*chándas*）及獻詞（*yájus*）也皆由祭祀產生（9 bcd）。這些祭祀獻唱之相關工作，因為是對諸神的讚頌，對獻祭能否抵達天界而言具有著無比的重要性，不可不加重視，再來的人間重頭戲為經過儀式化之後的階級社會之產生。這個重要儀式，直接以原人之身體為犧牲對象。身體經過儀式化的獻祭轉換之後，首先成為聖化的人間社會。於這節詩文裡，身體高下位置及不同功能被拿來做為印度階級社會（*varṇa*）之類比（analogy）。詩中強調一個完整的社會秩序形成要素跟人身體的組合是一樣的。要言之，身體跟社會都是按照位階高下所組成的一個聖秩系統（hierarchy）。身體的存在意義在此被提升至一個前所未有的重大地位，儼然為一自給自足的神聖宇宙。

然而，這樣的世界需要原人之自我犧牲來換取，所以新秩序可說是對於原人的再造。此外，至關重要的是身體這個有機體做為社會秩序（而非政治秩序）的第一個神聖體現。社會階序的劃分定義了何為神聖，何為秩序，以及一個獨立的人間領域：

brāhmanò 'sya múkhaṃ āsīd bāhū́ rājanyàh kṛtáḥ/
ūrū́ tád asya yád vaíśyaḥ padbhyā́ṃ śūdró ajāyata//（12）

婆羅門是其（原人）口（臉部），王族（武士）成其雙臂。
吠舍者乃其兩大腿也，首陀羅從其兩小腿生出。

社會秩序是整個宇宙新秩序的具體顯現，也是人間秩序的徽章（emblem）。其他的宇宙秩序要等到社會聖秩制度確立後才接著出現。此一吠陀之「婆羅門創世紀」（Brahmanical Genesis）在印度思想史上的意義是獨一無二的。第一個被創造出的秩序就是社會階級的劃分，甚至早於天體宇宙新秩序之創造。「社會先於一切」於此有其重大的意涵：社會秩序乃是首要的人間問題。而對大宇宙秩序的關懷要在社會秩序產生之後。在確定社會階級之構成後，接下來的詩節再談宇宙秩序及萬神殿裡面主要神祇之誕生。月亮從心意（*mánas*）、太陽從眼睛生出；據此看來，心意是身體意識與知覺統攝之內部器官，而眼睛為外在感官世界之統攝。以心意與眼睛來比擬月亮與太陽：一者為夜晚之主，另一者為白天之主。兩個天體跟人間關係最為密切，也是最為重要的宇宙象徵。接著，因陀羅（Índra）及阿耆尼（Agní）再從原人口中生出，顯見其重要性類比於婆羅門。然而，因陀羅跟阿耆尼卻列在一起，可見梨俱吠陀時代之萬神殿裡並無獨一無二的宇宙主宰。此外，風神（Vāyú）也從氣息（*prāṇá*）中生出（13），顯示氣息跟整個世界的密切關係。從肚臍中生出虛空（*antárikṣa*），天空（*dyú*）則從頭部現出；大地從雙腿產生，方位則從耳朵生出。在天地與四方被創造時，整個世界的創造乃大功告成（*táthā lokā́m̐ akalpayan*, 14 c）。

〈原人歌〉最後一節則對整首詩篇做出總結：「諸神以祭祀來行祭祀，此為首要之正法（*yajñéna yajñám ayajanta devā́s tā́ni dhármāṇi prathamā́ny āsan*, 16 ab）。」[7] 藉行祭祀之助，整個人

間秩序與宇宙秩序乃得以順利開展；若無祭祀來加聖化，則整個世界的進化便無法推動。所以祭祀的相關語詞在此一章節成了關鍵字眼（*yajñéna yajñám ayajanta*），是人間最為重要的活動。而正法（*dhárman*）在此處的出現，更代表了一個根本而具核心意義的宗教理念，顯示出其在梨俱吠陀時代就已經有其重要地位。而透過犧牲獻祭才能聖化人間、並創造出新秩序之婆羅門思想，更成為吠陀時期的時代精神（Zeitgeist）。

由以上詩文可見，身體的具像與意象在整個人間與宇宙秩序的創造上具有無可取代的特殊地位，而身體之整體與職司官能亦跟整個宇宙天體等的關聯至為密切。身體在整個印度思想傳統裡一直占有一席之地，而〈原人歌〉則是最具有指標意義，具體而微地展現出印度身體文明的特有內涵。

看來，四種姓之創造是古代印度文明最為重要的事件，這首詩篇被法國學者 Paul Mus 恰如其分地題名為「印度教的首要憲章（*la première constitution hindoue*）」。[8] 原人之犧牲被有力地加以聖化，並且深深地嵌在一個神話式的敘說裡。在諸神聖化原人之際，理想人間之首要關注乃是種姓的構建之事。而當神創造理想社會秩序時，社會被神話聖化成一種獨立的神聖領域。聖化理想人間社會之事被喻為獻祭——這種從混沌到秩序之神聖儀式——之最重要成果展示。再者，在王族階級也被納入成為整個社會身體的一肢時，政治領域已被編入社會秩序。此外，理想社會秩序的創造是比大宇宙更先成形，是創造諸神所最先關注課題，並且因著獻祭犧牲而神聖化。在印度第一個理想人間秩序之莊嚴宣示裡，並沒出現有關神聖王權政治秩序的相關聲明，這點有其特殊之處。Proferes 指出〈原人歌〉在塑造印度文化取向的重要性：

> 影響了世系的重新定價及婆羅門間「階級意識」的發展之種種變化是大規模重構政治理想的一部分，這先在著名的《梨俱吠陀》〈原人歌〉裡面強而有力地表達出來。在大部分的《梨俱吠陀》裡面，社會實體分裂成內部的與外部的人。首先為雅利安與非雅利安間的基本劃分。然而，在雅利安之間也有敵對氏族與部落間持續性的分割，使得普遍的雅利安政權遭到限制。〈原人歌〉，相反地，表現了一種在整體中單一的現實，完美有機體的集成。於其中，社會體現了功能與分層結構、但同時也是絕對與普世的，相對於無數的將領與小國君主，彼此為有限的資源和神祇的不確定關注互相分離、對立、競爭，〈原人歌〉提供了理想而單一的形象，為王室階級的原型。與在《梨俱吠陀》的家庭書（第二至七卷，為最早成書部分）中諸多個別與獨有的禮拜與儀式專家世系不同，這首詩篇體現了婆羅門做為階級身份含括性的典範。無論地上的現實為何，超越氏族與部落間分裂之普世社會的理想正在成形當中。[9]

如果普世王權（universal kingship）清楚地界定了世界文明

的主要特色，[10] 那麼普世社會（universal society）就是古代印度文明最為顯著的特徵。《梨俱吠陀》詩篇中之首要關切即為跟身體組織結構輝映的人間社會；於其中，不同的部位有其個別功能和地位，就好像社會一樣，不同的階級有其高下秩序。而這樣的一個階序社會便可以把人間加以整合，形成一具有普遍意義的神聖秩序世界。

正如同大宇宙之井然有序一般，社會秩序也可以從中得到啟示，形成一個相互協同之宇宙。值得玩味的是，在〈原人歌〉裡面，是在社會秩序產生之後，才輪到其他宇宙秩序及人間要素的出現。社會秩序的生成雖由宇宙天體的運作得到靈感，其在〈原人歌〉中卻反客為主，成為真正普世關懷的重心所在。普世王權於古代諸大文明出現時，成為人間秩序問題的解決辦法之一。與此相對照，在《梨俱吠陀》裡邊，普世社會則為因著社會、政治和宗教認同而割裂的社群找到出路。這種將社會當成人間秩序之普世典範的例子，與世界其他文明來做比較時，是相當獨樹一幟的。

以社會為人間秩序之形塑主體，最為重要部分即是社會秩序中之各層階級。在這方面，則 Dumézil 所論述之印歐社會三階級之意識形態（tripartite ideology）基本上亦可適用於印度（Dumézil, 1988）。就古代印度社會而言，祭司、貴族（或戰士）及平民之三個社會階層分別執行聖事（sacral）、軍事

（military）及經濟（economic）上的職權之社會分工，看來也相當清楚。不過，除了這三大階級之外，在印度還有服侍再生族 — 即婆羅門、剎帝利及吠舍 — 之首陀羅。這樣一種社會組織，平民階級（*víś*）具有相當根本的社會意義，因為其位置在整個階級社會的中間，也是中堅位置，所以〈原人歌〉裡面乃以大腿或腰骨（*ūrū́*）來當成平民所源出之處。

於此，吾人可對《梨俱吠陀》中 *víś* 之相關意涵稍加探究。事實上，*víś* 應該被翻譯為「氏族或氏族聚落」（clan/clan settlement, Proferes, 2007: 16），可能是梨俱吠陀社會形成的最重要基礎，因其不只出借助給吠舍階級（*vaíśya*），也成了社會政治體的基本單位。此外，《梨俱吠陀》中也提及了諸如 *jána*、*kṛṣṭí*、*carṣaṇí* 等有關部落與氏族之族群概念用詞，而其中不少和人間社會生活相互關聯。看來，梨俱吠陀時代對普世王權並無心嚮往之，所以當時的政治景觀是由各地稱雄的小集團分別統治所組成。[11] *Víś* 於古代印度社會所具有的代表意義是無庸置疑的，因其衍生吠舍階級。其原意是指定居下來的人，之後則成為一個社會群體的代名詞。雖然吠舍這個詞彙在《梨俱吠陀》只出現過一次，但地位卻舉足輕重，因為它體現了古代印度至高社會階級的形成意義，可說是印度社會文明的化身。透過 víś 這個概念，可以見得在古代印度具優勢之文化取向已昭然若揭。

2

以比較神話的觀點視之，《梨俱吠陀》〈原人歌〉裡面之原人所扮演的角色是相當獨特的。他所代表的，已經不是印歐宇宙創造神話中，從神譜或神統紀（*theogony*）到創世紀（*cosmogony*）這種最具典型的、對從混沌到秩序的宇宙創造過程之描述（容下細論），而比較像是從蒙昧狀態過渡到文明的人類社會。這是需要不斷聖化的過程。顯然，沒有經過儀軌加以聖化之人間，是一種素樸而未見昇華之原始狀態。唯有透過祭祀、犧牲，理想的人間社會方可產生。階級社會是人間秩序之最高化身。其他的宇宙秩序隨著階級社會的產生陸續從原人身上生出。原人的身體更是整個大宇宙的重要化身。

在吾人將〈原人歌〉稱為「婆羅門創世紀」時，已經認定這首詩篇在印度之人間秩序追求上有其不可取代的意義。就文化定向而言，詩篇決定了印度文明的特色，讓人見到古代印度之關懷所在。就印歐文化而言，創世神話創作自然有其普遍性（Watkins, 1995）。然而，從古代印度對社會秩序的關注遠高於普遍宇宙秩序，甚至有意忽略政治秩序之存在意義的情況下，可以看得出將宇宙秩序生成本身所代表的意義放在第二位。吾人如何來理解其中的細緻差別性（nuance）呢？

事實上，代表從神統紀到創世紀的過程描述亦可見之於《梨俱吠陀》中因陀羅屠龍的神話創作（1: 32）裡邊。整個印歐創世神話的一些共同要素大多可在此章看到。在此一詩篇裡面，宇宙創世是由殺死代表混沌的龍或蛇（*áhi*）展開序幕。因陀羅在將阻擾新秩序產生的障礙天敵昆離多（*vṛtrá*）蛟龍之後，河流終可流向大海，宇宙萬物的新秩序於焉產生。因為開天闢地為宇宙間的大事一件，詩人迫不及待地想向整個世界搶先宣告此一驚天動地的大事：

índrasya nú vīryà̀ni prá vocam yā́ni cakā́ra prathamā́ni vajrī́/
áhann áhim anv apás tatarda prá vakṣáṇā abhinat párvatānām//

áhann áhim párvate śiśriyāṇám tvaṣṭāsmai vájraṃ svaryáṃ tatarkṣa/
vāśrā́ iva dhenávaḥ syándamānā añjaḥ samudrám ava jagmur ā́paḥ//

vṛṣāyámāṇo 'vṛnīta sómaṃ trikadrukeṣv apibat sutásya/
sā́yakam maghávādatta vájram ahann enam prathamajā́ṃ áhīnām//

yád indrā́han prathamajā́ṃ áhīnām ā́n māyínām áminā̄ḥ prótá māyā́ḥ/
ā́t sū́ryaṃ janáyan dyā́m uṣā́saṃ tādī́tnā śátruṃ ná kī́lā vivitse//
（1-4）

現在我要宣告因陀羅的英勇事蹟，持金剛杵者所行的太初之舉，他殺了蛇，將水放出，他劈開了山腹。

他殺了盤據於山中的蛇， 工巧神為他打造了雷鳴金剛杵，好像牛鳴叫一般，水迅速流向大海。

猴急如牛，他挑了蘇摩，喝了三日蘇摩祭的三杯萃取，慷慨者〔因陀羅〕緊抓金剛杵兵器，殺了那蛇中首生者。

因陀羅啊！在你殺死蛇中首生者，因而粉碎那些計謀者所施詭計時，乃生成太陽、天空與破曉。從此，你再也沒有敵手。[12]

由以上敘述看來，因陀羅的確如同整個歐亞神話裡面的年輕戰神一般，擊潰了代表舊秩序的混沌，而創造出新天新地。整個世界乃為其所創造出來的新秩序，所以他做為新的眾生之王一點都不令人意外。[13] 這點在整首詩篇的最後也做了印證：

índro yātó 'vasitasya rā́jā śámasya ca śṛṅgíṇo vájrabāhuḥ/
séd u rā́jā kṣayati carṣaṇīnā́m arā́nna nemī́ḥ pári tā́ babhūva//

因陀羅，金剛杵在手，為動者與不動者、馴服者與有角者之王，統治人間為王，征服他們如同一幅網包住輻條般。

然而，《梨俱吠陀》中有關因陀羅之創世神話敘述，並沒有出現吾人在古代近東或西亞神話中所見到的，像馬杜克（Marduk）、巴力（Ba'l） 或雅威（Yahweh）成為至高之神，最後在人間建立起神殿，或在其個人所屬的聖山建立聖所，成為千秋萬世之王權示顯。上面有關因陀羅的創世神話中，除了敘述他如何擊潰蛟龍之外，並沒有談到人間對他如何行禮拜祭儀（cultus）等事。這點事出有因，也使得《梨俱吠陀》神話創作之語境及思想意涵跟古代近東的神話有著極大不同。

以巴比倫的創世史詩〈天之高兮〉（*Enūma Elish*）為例，[14] 年輕戰神馬杜克將古老蛟龍提阿瑪（Tiāmat）殺死之後，將其屍體劈成兩半，造出天地、日月等宇宙秩序。然而整個創世故事之高潮是年輕戰神班師回朝之後，天廷議會眾神向其致敬，並集體宣誓對他效忠。馬杜克接下皇璽，登基為王。他並宣告其計畫：仿照其宇宙廟堂的樣式在巴比倫建立起他個人之人間居所。Jacobsen 對於整首史詩之政治意涵有如下的觀察：

> 故事最終的目標當然是馬杜克取得宇宙永恆之王的位置，藉以創造出君主體制。要達成此一目標之主要步驟乃是他在求氣力與運動之權的一場決定性的勝利中擊潰提阿瑪，諸神凌駕在代表遲鈍與靜止的舊勢力之上。
>
> 故事本身，不論是我們今天所讀的，或者是古代的，其關鍵點在其結尾的字行裡（總括說來，就是：「馬杜克擊潰提阿瑪而稱王」）。這點會讓我們在所發生的那些事件裡面看到〈天之高兮〉的旨趣所在。[15]（Jacobsen, 1976: 183）

宇宙秩序之創造跟人間政治體制之形成為一種有機似的連結。創世神話之敘說亦為人間新政治秩序之宣告。若再以猶太教為例，則《希伯來聖經》裡面對於雅威的敘述與稱頌，亦傳承自迦南地區的神話敘述傳統（Cross, 1973）。而有關雅威成為至高無上之創造神及以色列人之上帝的基本特質，亦與古代迦南地區有關戰神巴力的敘述不可分。特別是紀元前十四世紀左右，古代烏加利（Ugarit）迦南楔形文字泥板有關巴力及阿娜（Anat）神話組曲的故事，[16]跟摩西在出埃及記裡面讚頌雅威投埃及人於海，拯救以色列子民的〈海之歌〉（創世紀，15 1b-18）有著重要關聯。巴力及阿娜敘述組曲所唱頌的第一個主題是英勇的巴力哈度（Ba'l Haddu）跟海王子焰（Yamm）之間的衝突，巴力將海王子徹底擊潰，眾神乃迎回巴力。最後，眾神之父伊力（El）乃為他在沙彭山（Sapon）上建了神殿，巴力成了眾神之王。第二個主題為巴力跟死神莫特（Môt）的爭鬥。一開始，巴力為莫特所俘虜，他的配偶阿娜伸出援手，將莫特碎屍萬段，巴力再度稱王。另外，這個敘述組曲中亦出現巴力及阿娜合力共屠烙坦（Lotan）蛟龍，創造宇宙新秩序的場景。這些神話敘述基本上均表達從混沌到秩序的變遷過程。跟〈天之高兮〉一樣，這三個與巴力相關的敘述組曲亦為古代近東最為重要的創世神話（cosmogonic myths）之一，也涉及巴力成為眾神之王之經過。[17]組曲中在提到宇宙新秩序的創造的同時，涉及王朝神殿及禮拜儀式的建立：

> 神統記的神話通常使用時間語言；其中發生的事件是舊的。而禮拜儀式的創世記則不一定使用時間語言。然而神話總是在描繪「原初」（primordial）事件，也就是說，這些事件組成宇宙，因而理當是無時間性或循環性，而具有「末世論」

> 的特性。在吾人看來，跟焰、莫特及烙坦格鬥的神話誠為創世記神話，因為沒有提及初始（beginning），也就是沒有清晰可見的時間語言，所以是原始的（primitive）。巴力組曲談到在眾神之中王權的興起，建立王朝神殿的故事以及對其之禮拜是創世記及其儀式的典型副主題。這些亦可見之於〈天之高兮〉……及聖經裡面。（Cross, 1973: 120）

的確，在《希伯來聖經》裡面的〈海之歌〉（*The Song of the Sea*，出埃及記：15 1b-18），[18]詩人在敘述雅威將法老軍隊投入海中，並引起迦南附近地區王國驚恐。詩歌最後即在歌頌雅威於人間之神聖居所，並稱雅威為宇宙之王：

> 你要將他們領進去，栽於你產業的山上。雅威啊，就是你為自己所造的住處。主啊，就是你手所建立的聖所。雅威必作王，直到永永遠遠。（出埃及記：17-18）

由上述兩個有關古代近東的宇宙創生故事看來，創世紀除了宗教意涵之後，亦有其深刻的現世政治秩序之反響。Cross在其論古代近東創世神話及以色列往昔之神（Olden gods）的文章（Cross, 1998: 73-83）提到，從神統到創世代表從宇宙尚未生成的混沌狀態，到宇宙生成秩序狀態的政治生態之變革。他說：

> 美索不達米亞以及迦南的那些偉大創世神話跟禮拜的主要儀式相連結，也因為如此，對我們理解古代神話創作宗教而

言，要比神統紀之神話來的重要。創世紀重述了往昔諸神或往昔神祇與年輕諸神或年輕神之間的交戰，此一衝突的結果出現了年輕神的勝利，建立了在眾神裡面的王權，以及有秩序的宇宙政府。王權以及其階序式的制度在創世秩序被加以固定。人間王權配合著宇宙王權，取得了宗教上的授權。（Cross, 1998: 78）

與古代近東或希臘文明相比較，此一創世秩序跟人間王權相互配合之情景，並不見於古代印度。在《梨俱吠陀》的創世神話中，因陀羅本人亦無專屬聖山。在創世神話裡面因陀羅擊潰海蛇，創造出新天新地的時候，並沒有再出現他班師回朝，受到眾神在其聖山之聖所加以迎接的場面。吾人在《梨俱吠陀》裡面，也並沒有見到諸如奧林帕斯山（Olympus）或西奈山等神之居所，更沒有看到神所專屬的禮拜儀式。對獨一無二之神祇統一或集中式之禮拜儀式並不見於《梨俱吠陀》時代的印度。一般而言，吠陀時代的祭祀，通常都是在臨時性的祭壇（*védi*）上舉行。這些祭壇往往是比較簡單的暫時設置，一塊高起的圍地裡面鋪上吉祥草，中間擺著為祭火所準備的容器。於固定的建築物或神殿內進行祭祀，在吠陀時代並沒有出現。（Jamison and Brereton, 2014, 1: 25-27）Mary Boyce 談到古代印度伊朗宗教祭祀上的 一些共同特點時，提出如下的看法：

拜火教的（Zoroastrian）祭儀跟古代婆羅門的宗教儀式有一

> 個共同點，就是沒有神殿（temple）。看來，印度伊朗宗教是在其千年之間游走於內亞大草原時塑造而成的，因此就物質上而言，是極端的簡單。對於諸神的獻祭並沒有神殿、祭壇或神像可用。要來聖化儀式所需要的是一塊清潔而平坦的地面，裡面可以界線來隔開儀式所畫出的畦畛。（Boyce, 1975: 455）

由比較的觀點看來，神殿祭祀（temple cult）跟王朝的形成有著密切的關係。[19] 然而，梨俱吠陀時代基本上還是一個氏族或部落社會，其政體（polity）規模相當有限 （Witzel, 1995）。要言之，王權之事在《梨俱吠陀》時代因其整體規模受到限制，並非是一個具體落實、有著普遍意義之政治實踐。這點當然也反映在梨俱吠陀之萬神殿。看來，梨俱吠陀萬神殿裡面神之角色並非是一成不變的，這也包括因陀羅。之所以如此，應該跟其所對應的現世背景有關。顯然，梨俱吠陀時代因為政體規模之故，政治秩序所扮演的角色亦相當受到限制，而宗教社會秩序的力量則在壯大與發展之中。若政治形構無法獨立於社會結構的話，則梨俱吠陀時代的一些思想特色便值得注意。

3

事實上，梨俱吠陀社會跟中期吠陀之後的發展情形，是有著根本上的距離。以國王與祭司之關係為例，吾人在梵書裡面所見到的，有關聖事執行之權為祭司所獨攬，國王只能當施主（*yajamāna*）退居第二線之事，跟梨俱吠陀時代所述有所不同。在《梨俱吠陀》裡面，聖事之執行，特別有關聖歌之創作並非由祭司所承擔，而是由詩人來執行。詩人在梨俱吠陀裡面有其神聖地位，而詩歌更是人神之間重要的溝通媒介（Jamison, 2007）。婆羅門祭司想獨占聖事之思想，並不見之於《梨俱吠陀》，而 *yajamāna* 在梨俱吠陀裡面只具有分詞上面的意義（行祭祀），而並非為一專有名詞（祭主或施主；見 Grassman, 1996: 1073）。具體而言，詩歌創作者不管是以歌者（*ŕṣi*），詩人（*kaví*），讚頌者（*vípra*）或行梵者（*brahmán*）等身分出現，都跟後來只知行祭儀的婆羅門有著極大的差距。《梨俱吠陀》本身即是詩歌的集結，Proferes 稱其為「禮拜儀式詩歌」（liturgical poetry, Proferes: 2007）。詩歌創作對於祭祀之完成而言，有其獨特的神聖意義。準此而言，梨俱吠陀時代階級的劃分理念固然已經開啟，[20] 但祭祀之事並非只關祭官之職而已。在梨俱吠陀時代所謂國王與祭司的角色扮演，或更確切地說，聖事製作與王權行使並非是一刀兩斷之事。就因陀羅而言，他除了是一個國王之外，同時也扮演著跟祭祀相關的讚歌創作之角色。Schmidt 即說：

> 因陀羅是為國王，但他不僅僅是祭司的施主，而是其領袖。

> 不但引領歌唱，而且本身也獻唱祭祀歌曲。因他在這方面的職務，所以也擁有如下的稱號：歌者、詩人、讚頌者或行梵者。這些一般是使用在祭司身分的歌者與詩人身上。因陀羅本身也是 áṅgiras〔人與神之間的使者，火神阿耆尼為首，相傳為祭司在傳承上的先祖〕……也是最好的 áṅgiras。就好像檢查 áṅgiras 這個字所顯示的，其在尚未變成一祭司家族的名稱之前，原為祭司之名，有點相當於歌者之意。據此來講，則歌詠屬於因陀羅的特點……因其為祭祀之主，可視同 áṅgiras 家族。
>
> 從以上的證明可看出因陀羅肩負祭司之職，因而吾人可將其視為祭司兼國王（Priesterkönig）。因陀羅及 Aṅgiras 的獻祭品，做為人間獻祭之神話典範，正如同眾多例證於其中所顯示出的，太初跟當前的獻祭彼此並列在一起，且可劃上等號。這裡乃產生了一個問題，也就是因陀羅做為人世間的國王，但其在儀式上所體現的，是不是也在行使祭司的職權呢了？雖然相關例證不多，但已經足夠來對此一問題做肯定答覆了。（Schmidt, 1968: 238）

事實上，當一個理想階序社會成為早期吠陀作者關注之焦點時，政治秩序之價值乃成為次要關懷。與諸多文明不同的是，古代印度的王權一開始並非獨立於社會之外，而是整個社會形構之部分。顯然，因陀羅並非為獨立自主之王權代表，而比較像是氏族社會下的一位具有創作能力之首領。古代印度的王權或統治權比起古代近東帝國文明，從一開始就相對薄弱。相形之下，社會宗教秩序做為一種神聖體現乃經由犧牲獻祭獲得祝聖力量。因陀羅身兼詩人之事也顯示當時並沒有所謂祭司與國王之間嚴格分工之事，婆羅門做為梵之行者亦非等同祭司階層。整個祭司意識形態的獲勝，可能要等到詩歌創作不再、而祭祀萬能思想崛起的梵書時代之後，婆羅門掌握祭司職權方才變得具體可行。

在雅威宗教裡面，神所屬之聖山跟以色列子民關係密切，而以色列人的歷史跟其所傳承的近東神話交會成一種新的人間秩序觀。然而，在古代印度，並沒有一個可以與梨俱吠陀神話創作相對應的人間歷史情境。也就是說，吾人並未見到獨一無二人之人間主配合著宇宙王權，取得了宗教上的聖授君權之事，所以王權明顯受限而不穩定。整體說來，梨俱吠陀時代的印度，政治權力不但分散而且無法集於一身：

> 吠陀君王的實際職責似乎是相對受限的。他被期待要在戰爭中取得勝利、分配財產，並且維持內部秩序。然而這些責任都難以從他身為必須推動繁榮的角色中被區別出來，在早期吠陀禮儀文本的神話，有四個神是與至高權力聯合，並且經常被視為君主同一：因陀羅、伐樓那（Varuṇa，常和密多羅 Mitra 一起出現）、火神（Fire）、和蘇摩（Soma），然而王權不具任何永恆存在的神性……而諸如擴展領土、戰勝敵人、承受高位、提供財富與繁榮等行為被看作是王權的象徵，因此當神祇們施行援助，他們就被稱作君王……而神話中表現的王權更迭，無疑反映出在以宗族為基礎社會中的一

個部落首領之角色。（Proferes, 2007: 20）

由以上的引文更可以對吠陀政體的特徵看出端倪。首先，梨俱吠陀政體是一種侷限式的社會政體，政治局勢通常不夠穩定，而王權的象徵跟現世利益有關。群雄並起的世系基本政治形態難以出現集中式王權，因此普世王權的抱負難以出現。故梨俱吠陀時代之王權統治無法永久持續，而是多元並存的方式。領導者能為人民做的是提供財富與維持秩序，而王者並無法以神話讚歌來聖化自己的身分地位。

提及王位的功能，《阿闥婆吠陀》（*Atharva Veda*）裡面描述選立國王的著名詩篇提供了一個具有代表性的例子。這首詩反映了初期吠陀印度王權的特徵。政治領袖是因著公眾利益之故由宗族部落（*viśas*）或聯合世系選出，他不是在眾人之上，獨自承擔人類未來前景的聖祝君主：

> 你讓宗族選擇君主，你這神聖的五方；
> 於王室的頂端上休憩，在那最高峰；
> 從那裡，有威力者與我們分享財貨。[21]

共同領袖的選舉是一種集體作為。雖然王宣稱自己有行使四方的權力，但有點反諷的是，初期吠陀政體事實上相當受限於地域範圍。財富分配是統治權力中最為重要的職責，因為王者是在人民期待能對一己有利的前提下被推舉出的一種選擇。[22]

因為王位是在社會脈絡下由眾人來做決定之事，所以並不具特別神聖意義。是社群需要一位有能力、有做為，可排解眾人紛爭的領導者。最重要的是，王可以給社群帶來現世利益。政治權力來自社會共議，人民在互惠的基礎上提供領導者特權，是基於有取有予之公平交易。政權不是在社會之上，君主也並非為深不可測的聖王，而是一位為眾人所接受的有力領導者。

結語

綜合上面論述，在探討印度宗教社會之身體觀時，《梨俱吠陀》的〈原人歌〉具有無比重要的先行地位。〈原人歌〉不但預示了印度文明的基本定向，也對其後的印度思想起了決定性的作用。梨俱吠陀時代之後的印度思想，不管是正統或是非正統，都對此一問題提出相關重要論述。特別要指出的是，古代印度人間秩序之啟動是透過對宇宙秩序之類比所提出。身體這個有機體適時提供了一個非常重要的借喻，饒富意涵且影響深遠。普世社會的提出，讓有關身體的思想世界在古代人類文明的發展上第一次獲得具體的落實，並對人類社會文明的進程提出重大宣示：與宗教有關之社會秩序在文明議程上列為最優先之考慮，有其至高無上的意義。相反地，做為人間秩序中自治領域之事的政治並沒觸及。原人所體現的是社會秩序的身體，而藉著神話言說，此一普世觀強而有力地被傳達出來。

與古代近東的神話敘述相比較，吠陀印度少了對唯一至高神創世的完整敘述，類似《希伯來聖經》中的創世紀並未出現，有關至高神的創世敘述之政治意涵明顯不足。此一事實正好可說明何以〈原人歌〉裡面大力宣揚的是社會宗教神聖領域之自主性，政治秩序於此宇宙中顯得處處受限。而在社會秩序優先關懷下，即使眾神之首的因陀羅也未能展現出獨立而不受限制之政治神格，王權之實行明顯受到侷限。就此而言，《梨俱吠陀》之神觀也跟後來印度教全能而遍在之自在神觀，在時代精神上有著極大差距。事實上，唯有到印度教時期，才出現千變萬幻、救度眾生之大自在天。饒富興味的是，大自在天的身體卻也源自吠陀之原人。由此亦印度正統思想之轉化力量自有其可觀之處。

梨俱吠陀的時代精神顯然已朝向宗教社會，而非政治方面開展。吾人從〈原人歌〉便可以看出此一文明取向。因為社會做為人間秩序之典範，所以階序間之關係界定成為人間生活的基本規範。看來，階級秩序之人間理想從梨俱吠陀開始就是印度宗教社會關注的中心，也是其核心價值所在，其對整個文明所產生的影響深遠而廣大。而身體這重要的宇宙，在《梨俱吠陀》初登場便展現其所具有之深刻隱喻，成為身體觀論述之基石，更從此開始在印度開展其歷久不衰之生命歷程。

第二章

類比與對應

梵我一如與初期奧義書之身體現象學

引言

身體的概念在吠陀時代晚期，也就是初期奧義書[1]時又有了新的變化。吾人在閱讀諸如《廣林奧義書》（*Bṛhadāraṇyaka Upaniṣad*）或《歌者奧義書》（*Chāndogya Upaniṣad*）等初期奧義書時，常能感受到其時代一種特有思想氛圍，亦即我／自我（*ātmán*）跟宇宙原則（*bráhman*）之對話與互動的普遍性。這種我與宇宙之間的呼應關係，可說是身體思想在吠陀時代發展的終極成果，因為在初期奧義書裡面 ātmán 一詞也常有身體之意。而所謂「身體」者，不單是指人之身體，也擴及到生靈的身軀；而萬世萬物皆自成宇宙，都有其可觀之處。初期奧義書時代的身體跟當時的生命及宇宙觀有著極大的關係。身體做為一蓄勢待發的小宇宙，不但具有豐富而充沛的真實意涵，更是整個宇宙終極原則的具體呈現。梵我一如的思想（誠然，所有這一切即梵，這自我為梵：*sarvaṃ hy etad brahma ayam ātmā brahma* MāU, 2）即建立在身體本身無可取代的小宇宙地位。在整個宇宙無處不具意義的前提下，對於身體的積極肯定亦達到一個前所未有的境地。

而整個時代的思想意涵可以總括如下：對顯現於梵我一如關係之宇宙存有之敬仰與冥思。「我與梵如一」可謂沙門宗教興起之前之吠陀冥想思潮發展之頂峰，而婆羅門本身的自信亦於此表露無遺。於此一篇章，我想透過初期奧義書裡面身體觀之重要論述，以及其與初期佛教在相關論題上的參照比較，來闡明吠陀晚期身體觀展現風貌所透露的一些重大意義。

1

《梨俱吠陀》首度提出了有關於生理學與社會秩序之間的關聯性，讓吾人看到整個身體在印度文明所具有的重大意義。〈原人歌〉裡面的祭祀與原人身體的關係，到了初期奧義書裡面又有了進一步的發展。初期奧義書將身體所具有的特殊意義，從人擴充到萬事萬物，而在其中祭祀亦有極為重要的象徵意義，只是，有關生命的根本意義還是得從身體跟宇宙之間的關聯談起。

《廣林奧義書》一開始，便透過馬祭（*aśvamedha*）來看祭馬之身體所代表普世意義。祭馬之不同身體部位及生命現象代表了宇宙間的各種重要徵象，從朝霞到白天黑夜；從星辰到降雨及言語。透過祭祀之馬身，整個宇宙秩序乃得以顯現出來：

> 祭馬之頭為朝霞，眼睛為太陽，呼吸為風，張開之口為眾人之火。其身體為年，背為天空。其腹肚為虛空，脇腹為大

> 地。兩脇為方位，肋骨為中間方位，肢體為季節，關節為整月和半月，足為白天夜晚，骨為星辰，肉為雲，胃中尚未消化之物為砂礫，內臟即河流，肝和肺即山岳，鬃毛是藥草樹木，前半身為昇陽，後半身為日落，打哈欠為閃電，抖動為落雷。放尿為下雨，馬嘶即為言語。[2]

以上所敘述之身體與宇宙秩序現象遙相呼應的對等關係，承續了梨俱吠陀以來的相互對應或替代（*ādeśa*）[3]之論說傳統，並加以發揚光大。值得一提的是奧義書的作者於此用了 *ātmán*（我）一詞來表達身體的概念。*Ātmán* 做為初期奧義書的核心概念，是與 *bráhman* 相對應的生命世界。由以上引文看來，身體跟自我之存在意義在關係上不可分離。最初於《梨俱吠陀》裡面，*ātmán* 意為氣息或生命原則（Grassman, 1996: 175），生命原則或氣息跟身體關係密切，可謂身體存在的具體徵象。此一意義亦為初期奧義書所沿用，並成為其論述的基礎。顯而易見，奧義書思想家所追求的，是以身體為本的思想論述。[4]

這種以身體為出發點的冥思，產生出對宇宙秩序消長的諸多聯想。不但馬祭之身體成為整個宇宙秩序的源頭，死亡（*mṛtyu*）亦可透過對其身體變化之想像來跟宇宙之生成發生關係。從死到生，身體何去何從，成了對宇宙秩序思考的基點。這其中不免有對從死到生之基本冥想，但也牽涉到生死跟宇宙秩序之間的對應關係。更值得一提的是透過文字遊戲，讓死亡與馬祭之間，產生有機式的關聯，甚或意義上的連結（BĀU 2: 1-7）。看來，奧義書的作者對於這種跳躍式的連結之思辨方式獨有情鍾。

身體的相關意象在初期奧義書裡面不斷出現，顯然是有其不可取代的重要性。奧義書裡面鉅細靡遺地描述身體的各個部位，以及身體之組成因素如何地來跟宇宙的構成要件相互輝映，形成特有的思想景觀。另一方面，類比或對應思想在初期奧義書裡面亦達到一個空前的盛況。身體存在的重要性以及類比思想，形成了初期奧義書在論述的重大特色。兩者顯然是其來有自。的確，在《百道梵書》（*Śatapatha Brāhmaṇa*）裡面，我們即見到如下的文句：

> 以下為諸奧義書教法：薩加亞尼人尊崇：「阿耆尼為風。」但有些人說：「阿耆尼為太陽。」而施羅摩提或訶靈迦婆則說：「阿耆尼就是風。」[5]

原來所謂「奧義」（*upa-ni-ṣad*）者並非只是抽象地在思考我跟梵之間的一如關係，更是在想像萬事萬物之間的彼此關聯。[6]此一思考機制，是吠陀中期之後婆羅門之所繫，不但為梵書之論述特色，[7]亦是初期奧義書論述之根本基礎。同時，透過大宇宙與小宇宙彼此關聯之基礎，為萬事萬物理出了秩序，更讓大宇宙與小宇宙之間產生緊密的互動，形成初期奧義書特有的身體與宇宙秩序觀。

吾人可清楚地看到初期奧義書所關切的重點：宇宙（大梵）與身體（自我）的對應關係。這使得宇宙所展現的秩序可以在個人身上找到相對應的機制，比方說，有了方位，宇宙間的空間定位才得以確定；有了光源，整個世界才有可能來加以認識。這是奧義書作者在根本上之出發點。同樣的，有了不同的身體感官，個人才可能從行動、辨識來掌握世界，並跟其周遭環境建立起有意義的互動。整個奧義論述，先從宇宙的一些基本構成要素出發，再談身體這個小宇宙，以建立起彼此之間的類比對應關係（*bandhu, sāmānya* 等）。其中，個人藉著追尋真理的過程，具體而微地把宇宙跟身體關聯起來，自我生命探尋的同時，也是對宇宙真理作出連結性冥思的開始。

基本上，奧義書的梵我一如論，點出了人體是小宇宙、整個世界是大宇宙的道理。宇宙運行原則在人的身體找到與其相應之對象。人的感官（心智知覺、生命功能與言說機能）就是諸如日、月、星辰等宇宙根本實體之顯現。這點毫無疑問地讓所有身體機能在參與宇宙之顯現上皆有其重要意義。奧義書裡面指出整個身體從頭到腳的各個部分，就像宇宙的結構從天頂到地底那樣，在構成重要的整體上扮演重要的功能。以形成自我所不可或缺的氣息（*prāṇa*）為例，《憍尸多基奧義書》（*Kauṣītaki Upaniṣad*）中即說：「此氣息為智慧所成之自我，遍入此身之自我，從毛髮至於指甲。」[8] 換言之，整個人體做為一個由氣息所組成的連貫網絡，能具體顯現自我，也同時體現梵。

初期奧義書的身體世界極為壯觀。從頭（*śiras*）到腳底（*pratiṣṭhā*），其中任何一個身體部位，皆有其宇宙關聯。洋洋灑灑的身體想像觀不但包括了各種不同器官，也對身體各部位之所以存在的可能關聯作出奧義論述。基本上，所謂奧義者，即是將身體當成自我來加冥想所獲得之不朽知識：

> 微羅遮那靜下心來，回到阿修羅處，向他們宣說如下奧義：「在這世上，身體應加以尊崇，身體應加以奉侍。在這世上，若尊崇身體，奉侍身體，乃得到兩個世界：此一世界以及另一世界。」[9]（CU 8, 8: 40）

事實上，在此所提到的身體，即是自我。若對身體採取甚為恭敬甚或尊崇的態度，即能參透自我，了解宇宙奧祕；而能知悉萬事萬物的道理，即得不朽。在奧義書裡面所列舉之身體單元，可謂琳瑯滿目，令人目不暇給。甚至女性生殖器也有其祭祀上面的重要關聯（BĀU 6, 4: 3）。奧義書作者們對於身體不厭其煩地加以描述，可說是到了鉅細靡遺的地步，令人嘆為觀止。由此亦可見，奧義書的身體書寫是一個充滿生氣與自信的感官與思想世界。其中最值得一提的，是對於身體中呼吸與知覺等生命重大機能感官之描述。這些重大生命現象為廣義的氣息世界，其中包括了呼吸、言語、眼睛、耳朵、思想和精液等。個人在世間之自我完成與種種成就乃其感官世界之延伸，身體感官跟世界興榮之間存在著積極而確鑿的連結：

> 人若知道最殊勝和最偉大者，便在自己人裡面變成最為殊勝和最偉大者。而氣息便是最殊勝和最偉大者。人若知此，就會成為自己人中，甚或他想要的話，眾人之中最殊勝和最偉大者。
>
> 人若知道最為優秀者，便在自己人裡面變成最為優秀者。而言語便是最為優秀者。人若知此，就會成為自己人中，甚或他想要的話，眾人之中最為優秀者。
>
> 知道立足處，一個人就能立足於平坦及難行之地。眼睛即為立足處，因為有了眼睛即能立足於平坦及難行之地。人若知此，即能立足於平坦及難行之地。
>
> 知道幸運，一個人不管想要甚麼，皆能為他來圓滿成就。耳朵的確是幸運，因為所有的這些吠陀皆聚集於耳朵。人若知此，不管想要甚麼，皆能為他來圓滿成就。
>
> 人若知道入處，便能成自己人以及眾人的入處。思惟的確是入處。人若知此，就會成為自己人中，甚或他想要的話，眾人之入處。
>
> 人若知道生殖，其子孫及牲畜便能生殖。精液的確是生殖。人若知此，其子孫及牲畜便能生殖。[10]（BĀU 6, 1:1-6）

身體的重要生命現象，特別是思維（*manas*）、言說

（*vāc*）、視覺（*cakṣus*）、聽覺（*śrotra*）等在初期奧義書裡面占有特別的地位。假如能夠掌握這些重大生命官能，便能心想事成，無往不利。此種對於生命官能現象的毫不保留之正向態度，是奧義書裡面相當根本而重要的立論基礎，其所提出的各種生命現象，與奧義書對身體所持的整體價值觀有著密切的關聯，這種價值觀把對生命現象之充分發揮當成個人立足於這個世界不可或缺的根本。生命現象也是宇宙秩序的源頭，更是個人在世界自我理解與出發之所在。特別是對於精液與生殖現象所代表意義之肯定，顯示出初期奧義書對於世間的熱切擁抱。人間的繁榮與興盛是從子嗣之延續上所來加以開展。此一生命觀，正好跟初期佛教對於身體感官的看法成了對比，值得在此一提。

初期佛教對於身體的看法若以「五欲功德」或「五欲樂」（*pañcakāmaguṇa*）為例，則生命現象的特徵在於其跟愛欲與貪著之間的聯結。身體官能與外界的接觸，產生了種種令人快意之感官經驗，然而這種感官經驗被稱為感知或所識（*viññeya*），正是欲望的源頭、執著之開始，讓人不自覺地陷入其中的感官受享當中。在佛典中常見如下有關身體感官跟欲望（*kāma*）之間不可分離關係之定型句：

> 阿難！有諸五欲功德。云何五種？
>
> 眼所識諸色，可愛、可樂、適意、可喜；跟從欲，起染著。耳所識諸聲，鼻所識諸嗅，舌所識諸味，身所識諸觸，可愛、可樂、適意、 可喜；跟從欲，起染著。

阿難！此乃五欲功德。阿難！凡緣於此等五欲功德而生之樂喜稱為欲樂。[11]

由上述對「五欲功德」套語中的敘述可知，五欲功德為感官與外界接觸所引起的色、聲、香、味、觸之五種對象，也就是由眼、耳、鼻、舌、身等感官所識別之五種舒適意而引起欲望的對象。這些對象會使人產生更多的欲念，觸動更多的貪著，是生活中需要加以防護或制御（*saṃvara*）的對象。特別要提出的是佛教肉體或身（*kāya*）的概念所具有之意涵。雖然在此將身當成一切觸（*phoṭṭhabba*）的源頭，但基本上身是一切感官之聚匯所，感官對象產生的源頭。職是之故，感官經驗所產生之欲樂（*kāmasukha*）跟身體之間存在著終極上面的聯結。

就初期佛教而言，從欲樂生出對於整個世間的執著，引起「因欲緣欲，以欲為依」所生之苦：

諸比丘！此為諸欲（五欲）之患，是現世苦之聚，以（五）欲為因，以（五）欲為緣，以（五）欲為依；其因即為諸欲（五欲）。[12]

以上引言即是說：個人為了得到更多感官上之快樂與舒適，會追逐更多感官上之欲求。然而，放任追求之結果乃讓人陷入欲望之深淵。再者，感官之欲求不但讓人承受追逐過程中種種辛苦勞累，甚至要面對欲望無法滿足個人需求時所帶來的苦楚難受。

五欲所帶來的不順利之逆境（*ādīnava*，禍患）乃造成了人在世間的苦之集成（*dukkhakkhandha*，苦蘊）。若追根究底苦之來源，正是因為個人追求五欲以得到快樂所招致的。假如「欲為苦本」跟「究竟離苦」以「獲致解脫」之初期佛教修行目的之關係密切的話，則欲乃是一個極為根本的問題，吾人可以拿下面談欲跟無常、苦、罪、毒相關的詩句為例：（*aniccā addhuvā kāmā bahudukkhā mahāvisā ayoguḷo va santatto aghamūlā dukkhapphalā*，諸欲無常，非恆久，多苦，巨毒，如灼熱鐵丸，乃罪之根本、苦之果報。Therī v. 489）。由這個偈頌便可以看出欲跟初期佛教核心思想的關聯。然而，初期佛教對於「欲望」的看法顯然跟其身體觀不可分開——身體感官可說是欲望的具體化身。

再回頭來看初期奧義書的欲望觀。初期奧義書因為身體觀的關係，對於欲望的需求並不加以懷疑與排斥。其所持的是成全的態度。基本上，人間欲望需要被加以滿足。娶妻生子及財富追求都是可欲求之事，因為整個世界的開始及延續都得借助欲望：

> 誠然，太初於世唯有自我，為唯一者。他欲求著：「我想要有妻子，如此便可繁衍後代。我想要有財富，如此便可行祭儀。」欲望確實就是這些。不管如何欲求，所得不會超過這些。因此，一直到今天，獨身者懷還是欲望著：「我想要有妻子，如此便可繁衍後代。我想要有財富，如此便可行祭儀。」只要其中一項沒有達成，他就認為不夠完整。

> 然而，其完整性在於：思想是他的自我，語言是妻子，氣息是後代。眼睛是人間財富，因為是用眼睛來看見；耳朵是神聖財富，因為用耳朵來聽聞；身體是祭儀，因為用身體行祭儀。此乃五重祭祀。牲畜有五重性，人有五重性，而這整個世界，不管如何亦有其五重性。人若知此，便會獲得這整個世界。[13]（BĀU 1, 4:17）

在此，身體感官被認為是五重祭祀（*pāṅkto yajña*），是神聖祭祀的化身。而整個身體的存在為行宗教儀式（*kárman*）的自我，有其不可或缺的重要性。若五官俱全，便可繁衍後代，追求財富並行宗教儀式，人間欲望可獲滿足。以上對於身體及感官知覺的敘述正好跟初期佛教的五欲功德觀成了強烈的對照。就五欲功德而言，身體雖然是掌握及認識外在世界的媒介，卻也觸動欲望，讓人想追求更多感官上的滿足，造成欲望所繫縛之痛苦。而就五重祭祀而言，整個世界之運行脫離不了欲望，欲望是值得追求的。甚至可以說：有身體便有欲望。再者，財富不但有其人間性，也有其神聖性，是可欲求之事。各種宗教儀式更是人與神之間互動所不可或缺的行為。整體言之，身體在個人跟這個世界的互動上有其無可取代的地位與神聖性。

此種對於身體及知覺感官在認知上的差別，乃造成了奧義書和初期佛教在有關身體觀上面的對立看法。兩者之間的差異，也可以由上面提到有關於「入處」（*āyatana*）的不同看法來得到佐證。由前面所引有關於思惟或意念（*manas*）是入處的句子為：「思惟的確是入處。人若知此，就會成為自己人中，甚或他想要的話，眾人之入處。」可見出思惟對於個人在這世界之重要性。事實上，「入處」在初期奧義書裡面所具有之重大意義，也可以從《廣林奧義書》中夜婆伽（Yajñavalkya）對於「入處」的看法來看出。他提到言語（*vāc*）、呼吸（*prāṇa*）、眼睛（*cakṣus*）、耳朵（*śrotra*）皆為身體入住之處。此一論點再次印證了有關身體感官知覺在奧義書裡面之重要性。而這些入住之處的根本意義在於它們不但為梵或我之示顯，更得以讓整個宇宙的真實性得以展現。（BĀU 4, 1:2-7）

因此，我們乃見到如下的一段重要論述，這段論述相當精確地總括了初期奧義書有關身體感官存在之根本意涵：

> 正像蜘蛛沿著蜘絲移動，正像小火花從火中散出。確實，一切氣息，一切世界，一切天神， 一切眾生，都從這自我中散出。 其中奧義乃為真實中的真實。確實，生命氣息是真實，而自我為種種氣息〔背後〕之真實。[14]（BĀU 2, 1: 20）

在此，奧義書作者援用蜘蛛跟蜘絲，以及火花跟火的關係來說明所有身體（*śarīra*）生命現象的重大意義，同時點出其後所存在的自我之真實性（*satya*）與不朽。事實上，整個萬事萬物，包括天上與人間之創造，皆為自我所衍生出的真實存有，皆有其參與整個宇宙生命形成所加以貢獻的部分。由本到支，由小到大，由微到顯的同源思考進路與論述，皆可見初期奧義書將生命現象視為真實不二之自我的具體顯現。這樣的一種思想展現具體而微地透露出初期奧義書的本體論，而上述所引文句的結語則清楚而有力地總結了奧義書之「奧義」所在：「生命氣息是真實，而自我為種種氣息〔背後〕真實。」這段話可為初期奧義書論述的核心所在。[15]

而在初期佛教，前此提到之五欲功德所源出的眼、耳、鼻、舌、身之外在加上思惟（意：*mano* = *manas*）被界定為六入處（*saḷāyatana* 或 *chaḷāyatana*、*cha-āyatana*）或六入內處（*cha ajjhattāyatana*, SN 2:3）。六入處再加上其對象，也就是色、聲、香、味、觸及法（*dhamma*）等六外處（*cha-bāhirāyatana*），乃形成十二入處。就初期佛教的緣起（*paṭicasamuppāda*）而言，透過耳、鼻、舌、身及意，乃促成跟外界的接觸，其結果引起受（*vedanā*），受引起渴愛（*taṇhā*），渴愛引起愛著（*upādāna*，取，能取），愛著引起渴有（*bhava*，存在之求），渴有導致生、老、病、死，乃是痛苦之源。[16]

看來身體的存在所衍發的種種生理及心理現象，乃引起生老病死的源頭。佛教的緣起法所根據的緣生（*paṭicca-samuppanna*）：

> 諸比丘啊！緣生法為何？諸比丘啊！老死、無常、有為、緣生、滅盡之法、敗壞之法、離貪之法與滅法。[17]（SN 2: 26; MN 1: 500）

以上諸法，看來跟身體有著極大關係。身體做為無常的具體表徵，不但有老死現象，也受制於色、受、想、行、識等感官知覺。生命現象之滅盡、肉體的敗壞與欲望之捨離，都離不開身體。若能徹底了悟這種種生滅之法，因緣乃不再生起，苦亦不至於生出，吾人乃可能獲得解脫。

由此可見奧義書在思想氣候上跟初期佛教的重大歧見。然而，這也讓人見到初期佛教跟奧義書之間的對話情形，基本上，佛陀以沙門的觀點，對婆羅門正統思想提出批判與挑戰，由以上所提對於生命現象的不同看法便可見之。兩者對於身體及生命現象的不同解釋，以及對感官認知的作用在生命價值考慮上的不同出發點，讓兩個思想傳統之間的身體觀呈現出極大的反差，可說是印度身體觀思想史上極為重要的一頁。

2

上面已經討論了有關身體與自我的關係。而在身體與自我另外一端之大宇宙，也緊緊扣住初期奧義書身體觀，小宇宙跟大宇宙之間為相互依存關係，兩者之間形成一種存有上的大連結，相互穿透，彼此不可分開。

具體言之，初期奧義書的宇宙觀跟整個自然現象的有著重要的關係。不管是日月天體，或是地、水、火、風、還是空間，方位，電光與雷鳴，甚或正法、真理、人類等事關宇宙發展的普世原則與生命基礎，皆可為梵，做為小宇宙的身體基本上也是宇宙之部分（BĀU: 2, 5:1-15）。看來，整個大自然皆是可能的「梵」之領域，也是「我」之展現。梵與我之間的緊密而不可分的關係，可由下段論大地（*pṛthivī*）文字見之：

> 這大地是一切眾生之蜜；一切眾生為大地之蜜。由光所形成，由甘露所形成的原人在這大地之中；而由光所形成，由甘露所形成的原人在與自我相關的肉身之中，確實他就是這自我。這是甘露，這是梵，這是一切。[18]（BĀU 2, 5: 1）

看來，身體這個小宇宙跟身體之外的整個大宇宙之間的關係，就好像蜜蜂跟蜂蜜之間的密切關係。初期奧義書的我與梵之間的相互依存關係，在此顯露無遺。再者，為宇宙之光的不朽原人不但存在於大地，也就是存於梵，也見之於個人有形的身體裡面，亦即自我。宇宙之創造與人間秩序所源出的原人不但賦予整個大自然不朽的意義，也聖化了個人的存在。在《梨俱吠陀・原人歌》裡面的原人在此轉化為自然秩序與個人生命的宇宙生成的神聖力量。而大自然跟人之間的關係，也因為整個世界皆為梵之顯現而變得可加親近、學習。個人可以從大自然裡面學習梵的相關知識，而一旦成就求梵之事，便是一位知梵者（*brahmavid*），也就是宇宙奧祕之了悟者。[19]

在此我們可以薩諦耶迦摩．賈巴羅的故事（《歌者奧義書》4, 4-9）為例。薩諦耶迦摩（*Satyakāma*）在梵語為熱愛真理之義。他雖因父不詳，出身族系（*gotra*）不明，仍有志於學。但因渴求真理甚為殷切，最終贏得婆羅門長者的讚賞，收他為弟子。然而，這位老師並沒傳授他吠陀經典與祭儀，而是要他離開阿闍梨之家，到荒野裡把四百頭贏弱牛隻照顧好。這意味著他得在天地萬物之間尋求真理，而非在書本或思想傳承裡找到事理。[20]

所以，引領並照料母牛變成實踐梵行的第一步，而做為牧童則成了從宇宙獲得真理啟示之必要準備。薩諦耶迦摩把牛群養到千隻之後，公牛、火、野雁，水鳥相繼啟示他關於自然之真理。值得一提的是：這裡面沒有一位導師是人。而在接受大自然之教導後，薩諦耶迦摩散發出智慧之光地回到啟蒙師身邊。老師一見到他的形貌，即說：「你已知梵（*brahmavid iva vai somya bhāsi*）。」[21] 言下之意即梵我一如已顯現在其身。

在此一求梵故事中，每位自然界生靈或聖物成為梵之化身，各教導他四分之一的梵而為梵之一足，四分之一的梵裡面又有四項要素，最後具備了四足、十六成分而成梵。梵的意義在此相當明顯地跟自然界的重大現象有關。構成梵的十六部分皆是有關於自然界之基本要素。

先是公牛所告知他四分之一梵的真理：「東、西、南、北各占四分之一梵裡面之十六分之一，名為『延展空間』

（*prakāśavān*）。」[22] 這個教示顯示出基本方位在宇宙座標上之重要性。在此的四大基本方位代表水平空間之延展。

火則教導他梵的另一足：「大地、虛空、天空及大海為包含了四分的梵之一足，名為無邊（*anantavān*）。」[23] 火是吠陀時期最為重要而神聖的象徵之一，在奧義書裡無處不在。於此，火既為梵之顯現，亦為梵之使者。大地、空中、天空及大海亦是空間的表現，加上東、西、南、北的話，則整個水平與垂直的空間都包含於其中。海做為所有水之匯流聚合空間，其廣漠無邊的特性顯而易見。

野雁則為第三位導師，教導他有關宇宙發光體所構成的四分之一梵：「火、太陽、月亮及閃電。此為具光（*jyotiṣmān*）。」[24] 火在初期奧義書的重要性在此又獲確認：既是人的導師，又是重要的光源，所以被排在第一位。日月分別為白天及晚上之光源，有其不可取代之地位。而在暗夜之時，則火提供光源。閃電被當成光源看待比較特殊，因其只是短暫發光，而且跟打雷及下雨之關係較密切，不過因為要集成四個成分的光源，閃電也被放了進來，湊成梵之一足。

最後一位導師則為水鳥，教導他有關入處所包含四分之一的梵之一足：「氣息為一份，眼睛是一份，耳朵為一份，心識為一份。此為有入處（*āyatanavān*）。」[25] 前面談到生命現象，也就是廣義的氣息世界（BĀU 6, 1: 1-6）時，已對入處相關問題做過討論。不過，之前所談之入處，主要是指心識或思惟做為入處的重要性。這裡則泛指有關人感官之收攝，透過這些身體入處，感官可把自我與外在世界加以連結。就如同此文所一再提及的，初期奧義書中，感官為理解梵和自我關係之支撐點甚或居所，其重要性不斷被加以重複。缺少了入處，不但自我之入處無由，整個梵的世界亦無從加以把握，梵之意義更無法彰顯。

然在另一方面，如同前面所提，在初期佛教，入處既無法展現終極存有，亦非實踐真理的手段，而只為無常世間暫用的替代物。兩者對於感官的代表的意義，在根本上持對立看法，因此也對透過感官來認知的外在世界之意義，存在著極大反差的不同視野。看來，奧義書的身體與世界觀跟初期佛教在這上面所凝視的角度互不相容。

在此，我們可以初期佛教的自然觀來做進一步比較。在佛典裡面，地、水、火、風被稱為四大種（*cattāro mahābhūtā*）。然而，這四大種並不具有奧義書裡面所說的梵之成分，而僅為自然界消長的現象，本身並不具有任何不朽意義。個人身體即由四大構成，具有無常的特質。而跟初期奧義書裡面之我梵連結可相比擬的是，這四大，不管是地、水、火或是風，都有內外之分。而內在身體與外在世界之間亦存在著互通性，然而兩者皆表現出變異、敗壞等無常特性。在有關身體與四大的關係上，我們可以如下套語來做總括:「我身具形色，為四大種、父母所生出，為米粥所養成，無常、衰敗、摩損、破壞、毀滅法。」[26]（DN 1: 76）顯然，四大種與身體的生滅相互依存，不具有獨立存在之意義，而身體做為一生成之聚合體，本身即跟生老病死之事連在一起，脫離不了整個自然的命定結局，四大在此跟身體的物質性關係密切。

《中部・大象跡喻經》（*Mahāhattipadopama Sutta*）裡面對於四大的內涵及屬性有著詳細的論述。我們在此以地所形成之組合的地界（*paṭhavīdhātu*）為例，來一窺初期佛教的地界觀：

> 吾友！云何為四大？為地界，水界，火界及風界。吾友！云何為地界？地界有內有外。吾友！云何為內地界？為內在、個別、堅固、固著、已取；亦即：髮、毛、爪、齒、皮膚、肉、筋、骨、骨髓、腎、心、肝、肋膜、脾、肺、腸、腸間膜、胃、糞，或其他個別，堅固，固著，已取內屬之物。吾友！此為內地界。內地界及外地界皆為地界。於此，吾人應以正慧作以下如實觀：
>
> 「此並非我所有，我並非為此，此並非為我。」
>
> 以正慧作以上如實觀地界，即厭離地界，而令心捨離地界。吾友！於外水界發怒之際，外地界即消失。即在此時，巨大者如外地界亦將顯現無常性，顯現滅盡法性，顯現敗壞法性，顯現變異性，況復生起渴愛、稍縱即逝之身體。並無我、或我有、或我是。亦即，於此處並不見我。[27]

地界在此所代表之「地」是一種與人間相連結的固著化物質世界，不管是外在物質世界或者屬於人的內在地界一也就是身體所組成的堅固器官，都是無常的具體表徵。一旦大水來襲，土地即遭淹沒，如若肉體敗壞，則四大亦跟著消失，世間及個人皆非永久常存，兩者皆如實體現無常之義。與初期奧義書梵我一如思想相對照，則無我亦無梵的思想於此表現的非常具體清楚。換言之，一旦自我的身體被剝奪終極存在意義，則與此相對應之梵的世界也就跟著失去其支撐點。兩者之間的連動性，看來是無法避免的。

由前面之敘述，吾人清楚地見到在初期奧義書裡面我梵之相關論述，不管是對身體或外在世界之看法，都跟初期佛教形成相當強烈的對比。此一情形值得注意，因其具體而微地透露出印度思想史從吠陀晚期到初期佛教所發生的重大變化。這種變化，不但事關本體論上的看法，也涉及宇宙論的論述，可說是從婆羅門思想世界過渡到沙門時代之巨大轉變。婆羅門所主導的言說世界，亦逐漸為百家爭鳴之沙門思潮所取代。

3

然而，沙門思想的一些源頭，諸如出家或行乞者（*pravrājin*）、業報（*karman*）及苦行（*tapas*）等跟修行思想有關之事皆已出現於初期奧義書。顯然，此時已經不是一個單純而一統之婆羅門思想意義世界。非正統的思想亦湧現出來，成為一股展露頭角之新力量。婆羅門思想亦開始面對此一新局面。初期奧義書承續了傳統的思想，並加以發揚光大，成為中世吠壇多（*Vedānta*）哲學的根本。然而，此時亦處於一個新舊思想交鋒的紀元，初期奧義書裡所見到的出家等相關沙門思想，其所透露的音信頗值得注意：

> 婆羅門想透過唱誦吠陀，祭祀、布施、苦行和斷食來知道它〔自我〕。的確，知道之後，就成為牟尼。的確，行乞者希求其世界，因而出家。
>
> 誠然，古時候有些人知道了它〔自我〕就不再渴求子孫，心想：「有了這個自我為我們的世界，何必還要子孫？」他們捨棄對兒子之渴求，對於財富之渴求，對於世界之渴求，而開始行乞食生活。渴求兒子，即渴求財富；渴求財富，即渴求世界。兩者皆為渴求。[28]（BU 4, 4: 22）

以上引句中所提跟沙門修行關係密的苦行和斷食（anāśaka）等事，[29] 跟婆羅門善待身體之思想有著根本上的差異。苦行和斷食皆為加諸於肉體之試煉，基本上是對身體之用加以警戒而非肯定，也是對婆羅門和諧互動之整體論身體觀的一種不同反思。另外，子嗣延續、對此世及家居生活之肯定乃是婆羅門思想重要的核心。棄絕此世及捨離出家之思想跟婆羅門在家思想是相互牴觸的，出家思想在奧義書之出現顯然是一個新的宗教動向，代表著挑戰婆羅門正統思想的力量已經到了一個必須面對與處理的局面。看來，婆羅門在此想把出世修行的相關思想與實踐納入梵我一如宇宙觀之部分。

布施（dāna）的觀念也跟沙門思想關係密切，其出現也代表著僧團亦開始萌芽。僧眾與信眾之間的關係，可由行乞者與布施者之間的互動關係見出。僧眾做為福田（P. *puññakkheta*, S. *puṇyakṣtra*），乃受到信眾的尊敬與供養（DN: 2:94），透過布施廣植福田乃是信眾重要之職責，期能獲得福報（P. *puññaphala* S. *puṇyaphala*）。原先在婆羅門思想裡面有所謂「答謝」或「答謝禮」（*dakṣiṇā*）之思想，這是指祭祀之發願者（*yajamāna*, 施主），也就是祭祀費用之支付者對於行祭祀之祭司之酬勞（參閱 BĀU 3.9.21）。這種婆羅門思想裡面的信（*śraddhā*）施關係，[30] 在沙門思想裡面轉為僧眾與信眾之間的互動。布施，而非答謝禮成為沙門運動的思想指標之一。

對於子孫、財富等希求（*eṣanā*）都是對現世生活的眷戀。若放棄這些渴求，等於捨離對於此世之追求。所以，雖然捨棄對於現世之冀求，但在保全與固有宇宙觀的前提下，以自我取代此世（*loka*）成了婆羅門的選擇。顯然，婆羅門並沒有放棄對梵我一如之宇宙觀。儘管棄世思想跟婆羅門梵我一如之人間理想根本上有所衝突，但婆羅門仍努力將其納入其價值系統之部分，依舊堅持其思想世界的優先性。就好像吾人在《歌者奧義書》（CU 2, 23: 1）裡面所提到的：祭祀、誦讀吠陀、布施、苦行與梵行生活可以獲得功德世界（*puṇyaloka*），但唯有居住於梵者（*brahmasaṃstha*）方能臻於不死（*amṛtatvameti*）。於此，亦可見出婆羅門的思想世界（包括身體觀）中，已經出現對話上新的競爭者。

另外一個是業報的相關問題。如前所言，在初期奧義書的思想裡面，因為世界的開始及延續都借助於欲望，對於欲望不但不加以排斥，反而因為欲望跟身體感官之密切關聯，而身體感官顯現自我之故，所以欲望之存在有其重大意義。因此，由行動觀或業觀念出現於奧義書中，亦可見到以欲望為出發點之婆羅門身體觀在思想上的重大轉變：

> 人要變成甚麼是按照他的行動與作為。行善者成為善人，行惡者成為惡人。因良善行為成為良善者，因惡行成為惡者。所以有人說：「人的確由欲望所造成。」凡有欲望所在，即產生意圖。而有意圖，即有所行動。有什麼行動作為，最後乃招致其結果。有以下偈頌為証：
>
> 執著伴隨行動前往一己思想執著之處，
> 一直到此世所完成的一切行動之盡頭，
> 而又從那個世界回到這個世界來行動。
> 以上為欲望之進程。[31]（BĀU 4, 4: 5-7）

雖然是以欲望為出發點，但業報的觀念在以上引文中已呼之欲出：「有什麼行動作為，最後乃招致其結果。」若參照初期佛教有關業之思想，即可得知在此的「行動」事實上已經可跟初期沙門宗教的「業」在意義上互通有無。以下就以常見的巴利定型句為例：

世間因業而存在，生民因業而存在，眾生為業所縛，宛如行進之車有賴制輪楔一般。[32]（Sn v. 654; MN 2: 196）

自己造業，為業之繼承人，業為母胎，為業之親。造善業或惡業，皆會成其繼承人。[33]（AN 3: 186）

以上初期佛教業的觀念基本上跟奧義書所提出之行動觀是一致的：善有善報，惡有惡報。顯然，吠陀時代為祭祀行為之 *kárman*，已經逐漸從欲求祭祀回報之作為轉為道德倫理，甚或宗教倫理上的果報（*phala*）之用語。雖然奧義書依然堅持欲望為行為之本，但行動或業所扮演的重要角色，已是後來居上：人已成為業之居所。事實上，前面奧義書引句之偈頌，在以下巴利文句有了更為堅定而明確之回應：

吾友！沙門瞿曇實為業論者，作用論者：Samaṇo khalu bho Gotamo kamma-vadī kiriya-vadī.（DN 1: 115, 132）

而輪迴（*saṃsāra*）的字眼，雖然沒有在初期奧義書出現，然而因為行動作用之前世與今世相續的關係，顯然轉世的觀念已漸形成（參見 BĀU 6, 2: 2; CU, 5, 10: 5; 8,15: 1 等）。亦可讓人見到佛教興起時代所掀起之劃時代之宗教思想運動，已可在初期奧義書見到發軔之根源。雖然兩著之間尚有差距，但在思想發展上卻無法分離，並有其連續意義。初期沙門固然有其宗教社會思想意涵上的急進主義，但其時代跟初期奧義書之間所存在之重疊意義亦值得注意。[34]

結語

初期奧義書的思想論述，是一種對於人之身體以及生命現象的存在意義為出發點，積極探索這個世界與宇宙的種種關聯及蘊含。除了將前此梵書時代祭祀萬能的態度轉為對所冥想對象的尊敬之外，並對祭祀之用的身體與祭祀宇宙之間的關係重新加以思考。我與梵成為個人與外在世界的真理之具體顯現，代表著小宇宙與大宇宙之間無法切割的連結。此一對於個人或身體與宇宙關係的冥想，是從《梨俱吠陀》祭祀思想發展出來的結果。在祭祀思想裡面，祭祀者所冀求的是來自於整個宇宙對於祭祀行為（*kárman*）的積極回報，祭祀者（*karmán*）跟神祇之間存在著一種呼應關係。個人與宇宙在關係上有著重大的連結。不管「奧義」（*upa-ni-ṣad*）所指為個人在探索萬事萬物所持的尊敬或恭敬（*upa-√ās*）態度，或是在思想上所追求的是替代或彼此對等的意義（*ādeśa*，因為大小宇宙的相互對應），初期奧義書在探索等同（identity）之意義——也就是我梵關係的對應上——已經發揮到一種前所未有之無所不包之驚人地步，也就說是萬事萬物皆可關聯起來，做為我梵如一關係之註腳。這可說是空前未有的一個精神昂揚的時代。

就吠陀時代而言，原先在《梨俱吠陀》所出見之原人身體，是整個祭祀文化展開的起點，而原人自我犧牲是人類社會與整個文明世界推進之所繫。進到初期奧義書，做為宇宙秩序之源頭的原人繼續扮演著重大角色，而其存在可分為跟宇宙天體及自然現象結合（BĀU 2, 1: 2-19），以及跟身心官能之結合（BĀU 3, 9: 10-17）兩大部分。其跟宇宙天體及現象諸如日、月、光、空間、風、火、水等結合變成「梵」，而跟感官機能諸如情欲、心、思維、聽聞之結合部分則成為「我」。由其同時扮演著大小宇宙雙重角色，而提供梵我一如之根據看來，原人思想跟奧義書關係至為密切。

在本書第二部分，我們會見到原人在中世印度所扮演更為吃重之角色，甚或成為整個中世印度宗教之神觀（theism）的思想源頭。從吠陀時代到印度教信奉及密續運動，原人思想可謂歷久彌新，而與其相結合的人神身體觀在宗教願景上所開拓之新境界當然值得仔細加以探索。

第三章

從防護到修習

身至念與初期佛教身體觀

引言

雖然吠陀時期對於身體極度加以讚揚，但代表沙門傳統的初期佛教、耆那教與其他非正統教派在這上面之態度卻大相逕庭。有關沙門與婆羅門之間對身體觀所表現出的反差情形，我在上一章已做了初步說明。基本上，沙門之身體觀對於生命之衝動一事冷眼旁觀，也對自然現象所代表的宇宙秩序持批判態度。這種對於生命現象以及宇宙觀所代表意義之質疑，可說是沙門興起時代共同的思想氣候。跟前此婆羅門正統觀相比，身體所代表的小宇宙和自然界的大宇宙雖然依舊存在，但卻成了沙門宗教論師肆意加以解構之對象。綜觀沙門的思想世界裡面，否定身體及宇宙有任何正面而深刻意義之傾向相當強烈。

身體觀之轉向，代表沙門宗教所感興趣的已非身體所關聯之現世世界，而是如何能在制御感官（*indriya-saṃvara*）的努力下求得出世解脫。感官對象之世界不再富有積極而正向之存在意義，必須加以捨棄，方能覓得終極意義。於此一出離思想之氛圍下，初期佛教認為身體知識所關係的並不是如何能與大宇宙如一，而是在找到與生、老、病、死共存亡之身體的救治妙方。以佛教為代表之沙門思想所提供的無常身之對治法，乃是本章要加以探討之課題。

1

就時代風潮而言，初期沙門對於身體跟宇宙在存在意義上之反省，跟其時之宗教倫理思想有著密切關聯。中村元（1991）與雲井昭善（1967）在探討佛教興起時代的異端思想時，都提到順世派或唯物論思想（*lokāyata*）在當時的重要地位。唯物論者除了否定自我（*ātman*）的存在之外，也認為靈魂跟身體不可分開，所以在人死後，靈魂也就不復存在（中村元，1991：115）。事實上，順世派或唯物論者在有關身體的看法上，提供了其宗教倫理論述上面的根據。假如人的存在不過是物質世界之聚合，則人便不必為其所作所為負責，因為一切思想與行為不過是物質因素的偶然之湊合而已。[1]

唯物論的相關論述及其宗教倫理思想，充斥在跟佛陀同期之宗教論師的相關言論上面，可謂典型的時代風潮，在佛教興起時代的六師外道皆與此思想有著密切的關聯。[2]在此，吾人不妨以《長部．沙門果經》裡面所提的六師外道裡面之阿耆多翅舍欽婆羅（Ajita Kesakambalī）之斷滅論（*ucchedavāda*）——亦即對身體與生命具有任何超越層面上之意義全然否定——來做個說明。阿耆多宣稱：「不論智愚，身壞命終，即斷滅消失，一無所存。」[3]其理由為：

> 人由四大種所成，命終時，地回歸地身，水回歸水身，火回歸火身，風回歸風身，諸根歸於虛空。（四）人加屍架為五，抬屍至塚間，放下其腳。（火燒後）其骨成灰白，祭品終灰燼。[4]

這種對於生命現象與宇宙關聯所作的物質性解釋，完全否認生命在本質上具有任何值得進一步追尋之深刻意涵。身體一旦消失，則一切歸於空無，毫無任何生命可加置喙之餘地。若身體的意義僅存在於物質聚合之層面，則生命將其承載之宇宙同時失去了立足的基礎。因為有如此之本體論述，所以阿耆多翅舍欽婆羅這位斷滅論師不但否定行動與業的意義，也不承認社會與宗教在本體論上所存在之意義。他說：

> 無布施、無獻祭、無祭品、無善惡業之果報。無今世、無來世、無父、無母、無化生之眾生。世間無正行沙門、婆羅門證知今世、來世並為他人說。[5]

這種對於生命之任何作為以及人間秩序和宗教行為的全然否定，是佛教興起時代思潮上一大特色。不但身體本身毫無任何真正價值可言，個人對於自身存在意義之改變亦無能為力，可說是相當極端的宿命論氛圍，而這也正是正統奧義書「梵我一如」思想失去其主導地位、百家爭鳴的結果。初期佛教與此思潮密不可分。事實上，佛教以法（P. *dhamma*, S. *dharma*）來取代宇宙原則（梵），而又提出「諸法無我」（*sabbe dhammā anattā*, Dhp, v. 279）時，整個奧義書的思想命題乃遭到棄絕，身體和宇宙間的關聯亦同時斷了線。看來，佛教中無我（*anattan*）的教義比起當時其他論師所提出的教理，其所代表之激進意義不言而喻。然而，一旦沒有「我」時，吾人應該如何處置在奧義書中為「我」之住處的身體呢？換言之，如果自我沒有了實體，則如何論述其所源出之身體也成了一個重大而嚴肅的問題。

看來，在各式各樣順世思想充斥的時代環境當中，佛教如何發展出不一樣而獨具特色的身體觀，是一大挑戰。事實上，假如身體存在的意義已非是奧義書裡面所言，為一滿載意義的小宇宙，而是充滿不淨化身之易碎組合，則如何來對這個小宇宙重新加以定義，讓其存在意義脫離奧義書的世界，但又可超越順世派之完全斷滅論述，可能是初期佛教得慎重加以面對的課題。

2

具體言之，佛教對於身體[6]與生命的態度並非如同斷滅論者一樣，在全般加以解構之後，毫無生命意義留存的餘地。雖說身體的存在固然有限，但生命意義的追求是可能的。跟初期奧義書不同的是，身體跟生命意義並非為同等之事，須要加以區別。就身體存在的意義而言，初期佛教是以一種冷眼旁觀的態度來加以看待。最重要的是，身體所具有的意義已經從奧義書入世的凝思與關懷轉為出世的關照與追求。在《經集》（*Suttanipāta*）裡面的〈勝經〉（*Vijayasutta*）部分（vs. 193-206），吾人見到初期佛教生理學的一些基本圖像。不過，〈勝經〉中對於身體的看法，是先將身體擺在解剖台上檢視，而在最後提供了有關身體的解脫觀：

> 或走，或站，或坐，或臥，彎曲與伸展，此為身體之動作。
> 身體由骨與筋結合而成，塗上皮與肉。有了皮膚，身體便被覆蔽，而無法如實見出。
> 身體裝滿腸、胃，肝、膀胱、心、肺、腎、和脾。
> 鼻涕、唾液、汗、脂肪、血液、關節滑液、膽汁和血漿。
> 污物總從其九孔流出，眼屎從眼中流出，耳垢從耳中溢出。
> 鼻涕從鼻中流出，有時從口中吐出膽汁，吐出痰。汗垢從身體排出。
> 其頭顱中空，裝滿腦髓。愚夫出於無明而加以尊崇。
> 身體一旦橫臥死去，膨脹瘀腫，被棄置於塚間，親人不再關心。
> 狗、豺、狼、蛆、烏鴉、禿鷹及其他生物皆來啖食。
> 世上俱慧之比丘聽了佛陀之言，了悟身體，如實地加以看待：

「如此則彼，如彼則此」；從裡到外，捨棄對身體之渴望吧！

世上俱慧之比丘捨棄渴貪，證得不死之寂靜，不滅涅槃之境。

而此一不清淨、惡臭之兩足之物受到呵護，裝滿各種腐屍，

處處流溢。

有如此身體卻還自傲，輕蔑他人，這種人不啻為無見。[7]

以上論述相當具體而清楚地描繪出初期佛教之身體觀。偈頌開宗明義地點出，因為身體為皮膚所覆蓋，所以一般人只見到身體外部之肢體動作，而看不到其內部真相。就身體之「組合」而言，不同器官構成了不同部位，這些器官固然維繫著整個生命現象的運作，本身卻為不淨（*asuci*）之化身，因其總不斷地排出種種分泌物，並且製造出令人作嘔的汙穢，即使身體貴為思想根源，也只是一種生理機制而已，不必加以推崇。言下之意，初期奧義書對於身體之恭敬態度，在此不免遭到批判。最重要的是，一旦身壞命終之後，被丟棄於尸頭林的身體成了野獸飛禽等爭食的對象。身體之結局令人怵目驚心，而身體這樣的一種下場，實不值得吾人對其存有任何戀棧。因此，生命現象本身實非值得稱許之事，吾人應認真思考如何擺脫肉身的束縛。

值得一提的是，文中先用了 *chanda* 一詞來表現眾生對於身體之渴求。*Chanda* 除有欲望、衝動之外，也有比較中性甚或正面、表達決心之意，如對於法之欲求（*dhammapadesu chanda*）或欲定（*chandasamādhi*）。然而，因為生命有走向盡頭之時，

所以身體並非為可加欲求的對象。假如對於身體不斷加以渴求，甚或貪著，如此便會帶領個人走向無止息的追求，終至陷於無法自拔之泥沼中。所以，在見到屍體被置於塚間之悲慘景象，吾人應該放棄這種渴望與追逐，且再進一步對於生命本質意義加以省思之後，乃適時作出捨離（*pabbajjā*）之抉擇。除外，雖然偈頌對於「佛言」（*buddhavacana*）沒有多加說明，但相當清楚的是，由佛陀本人所說出捨離之正法等於真理之言。而身體所關之真知為何？簡單的說，即是身體為汙穢與不淨化身之「如實」觀（*yathābhūtam*）。

在《法句經》（*Dhammapada*）裡面，我們看到了對身體存在意義所作的進一步說明。以下偈頌格言是在如實觀的基礎上，對於身體存在意義作更進一步之尖銳批判與根本反思：

> 瞧此嚴飾魁儡，是傷痕之身，乃聚合而成；
> 苦患而多思慮，卻無恆常亦無存續於其中。
> 形色老衰，病之巢，易破壞；
> 腐臭之聚遭毀。誠然，死亡為生命之盡頭。
> 見鴿色之骨骸如秋天被棄之葫蘆，何戀之有？
> 城邑建於骨中而為血肉所黏成，
> 老、死、傲、侮置於其中。[8]（vs. 147-150）

身體為無常的具體象徵，是生老病死之最佳寫照，也是生命輪迴暫居處所。生跟死互為依存，所以生命（*jīvita*）本身並無可引以為驕之處。基本上，身體以及生命所短暫停留的時空並無任何可加留戀之處，生命的意義只有在離開塵世間之後方能尋得：「我生活之目的乃為了出離，受具足戒，然後得信。」（*Pabbajiṃ jivikattho'haṃ, laddhāna upasampadaṃ, tato saddhaṃ paṭilabhim*. Th. v. 31: a-c）唯有出家的生活方能讓生命意義獲得彰顯，在家的生活則跟貪、嗔、癡等現世執著所產生的愛欲之害無法分開。如此看來，初期佛教的身體觀跟其出世的生命觀有著密切的關聯。

簡單地說，初期佛教的世界或世間（*loka*），也就是吾人所生活的空間已成為輪迴的場域，而非吠陀時期的光景。吠陀時代的世界是由神聖象徵所加聖化的生靈以及祖先、神祇等所居住的世界，所以整個世界（*sarvam idam*）或世界自有其神聖意義。在《廣林奧義書》裡面，吾人見到如下的句子：

> 這自我便是所有眾生之世界；他供牲、祭祀，因而成為諸神的世界；他朗頌〔吠陀〕，因而成為眾仙人的世界；他獻祭祖先，希求生後代，因而成為祖先的世界。他提供眾人住宿、食物，因而成為眾人的世界；他供應牲畜水草，因而成為牲畜的世界；猛獸飛禽乃至螞蟻生活於其家，他因而成為他們的世界。[9]（BĀU 1, 4: 16）

以上所引的內容相當清楚地呈現出吠陀時期多元豐富的世界觀。個人與他人的關係是靠不同世界來加維繫，不同的互動關係形成了不同層次的意義世界。世界——不管是人與祖先或神祇，還是人際關係或與生靈之間的關係，都是充滿生氣的世界，這些不同的世界形成了個人或自我存在的意義，個人跟整個外界的關係是一連串的意義之追尋與自我之實現。然而，於初期佛教，這個世界變成世間：「破壞之故，是名世間」（*lujjatītikho tasmā loka tivuccati,* SN 4:52）。而世間的生活是跟感官所攝受的愛欲追逐等不可分開的生滅世界，本身並不具有任何獨立而不朽之意義。就跟身體一樣，世間生活是沾滿塵埃，擾攘不安而不斷追逐的貪著日子。而世間生活之彼岸，則為了無牽掛之出世（*lokuttara*）存命。吾人必須捨棄對世間生活的執著，追求捨離之目標，方有找到終極存在意義之可能。唯有過著了無牽掛的梵行生活（*brahmacariya*）引導棄世者走向解脫之道。誠然，吾人必須離開家居生活——主要的世間執著的象徵，才能過著清淨而無礙的梵行生涯：

> 繁雜的家居生活為塵垢之徑，而乞士的日子則是海闊天空。俗家生活不易實踐梵行於修圓滿、完全遍淨、光澤似珍珠之境。[10]

這種將「入世」與「出世」加以強烈對照、並提出修行生活遠優於在家生活的看法，跟前面所引奧義書的論述，兩者之間有著極大的差距。在奧義書裡面，生命意義是建立在一種類推關係世界之不斷推展；而在初期佛教，生命意義則要在身體與生命本身所連結的世界之外尋覓，人之身體與這個世間顯然無法提供解脫所需的資糧。

3

若拿奧義書裡面的個人生命意義之完成跟佛教的出世修行生活來相比較，則可看出對身體的不同態度的關鍵點：在奧義書裡面，「氣息」（*prāṇa*，同時也是身體所有生命功能之總稱）具有舉足輕重的地位，因為有了氣息，所以人的生命現象得以彰顯。然而，這幅生命衝動的景象，並不見於初期佛教的身體景觀裡面。如果吾人將初期佛教的「身體」（*kāya*）跟因為有了氣息而顯得生意盎然的奧義書身體世界來相參照，則將得到一個非常不一樣的圖像：

> 比丘！所謂「蟻聚」者是身，四大所成，父母所生，依食長養，此身為無常、破壞、磨滅、斷絕、壞滅之法。[11]

顯然，以上所敘述的身體並非為「超越的真實」之顯現，而是由欲望和染污所構成，且注定要解體之聚合。初期佛教的身體觀顯然跟其修行思想有著密切關係，而修行思想又結合著解脫觀，讓身體觀在這裡面扮演著重要的角色，因其涉及解脫如何可能：唯有了解到身體的聚合本質，以及其跟對世間貪著的關聯性，才能生起捨離、出世之心。

綜觀初期佛教有關身體的論述，其存在跟世間的（*lokiya*）諸種生成與破滅現象不可分離，背後並無將其神聖化之終極原則，本身並未具有顯現「我」之生命力，也未被「梵」賦予真實意義。佛陀認為身體乃為染污和無常的象徵，因之僧眾對於身體的存在應持警戒之心，認真而嚴肅地加以觀照。一旦了悟身體具有污穢且終將消解的本質，便能生起厭離心（*saṃvega*），脫離對世間的執著（*saṅga*），如此便能進一步在修行與解脫道上精進不懈（SN 4: 211-212）。整體看來，僧眾的修行生活與具體修煉之法的基礎都建立在對身體的觀想之上。就初期佛教而言，「隨觀身」（*kayānupassin*）提供了重要的解脫法門。

值得一提的是，奧義書裡的生命氣息在初期佛教轉變為具有氣息的生靈（*pāṇa*）之意，而對生靈的不忍傷害（*ahiṃsā*）成為沙門宗教在修行上所受持的五戒（*pañcasīlāni*）首要之德：「我受持不殺生戒」（*pāṇātipātāveramaṇī-sikkāpadaṃ samādiyāmi*）。不殺生戒不僅出家眾需嚴加奉行，在家信眾亦應加以遵守。於此，生命的意義已從對個人生命現象的肯定變為對眾生生命意義的普遍關懷以及具有超越意義之宗教實踐。顯然，身體的存在意義在此跟出世的生命價值息息相關。身體之存在與生命意義不再具有等同的位置，吾人必須離開對於身體的繼棧，方能尋獲生命的真正意義。

而在另一方面，原先在初期奧義書裡面對生命具有關鍵意義的呼吸作用，在初期佛教成為「隨觀」（*anupassin*）與「修習」（*bhāvita*）之對象。氣息所源出的呼吸現象已非賦予人生命力之表徵，而是要讓人透過對其之觀想來培養正念（*sati*）[12]之用。生命現象已非哲人稱頌的神祕奧義之化身，亦非宇宙普遍真理的展現，而成了解脫路上必須加以調伏之身心現象。在初期佛教，呼吸的觀想對於身體修煉有其指標意義。呼吸之修習被列為有關「念住」或「念處」（*satipaṭṭhāna*，參閱〈大念處經〉*Mahāsatipaṭṭhāna Sutta*, DN 2: 291-315；〈念處經〉*Satipaṭṭhāna Sutta*, MN 1: 56-63）及身念或身至念（*kāyagatāsati*，參閱〈身至念經〉*Kāyagatāsati Sutta*, MN 3: 88-99）的第一個實踐法門。於此引用一段《中部．入出息念經》（*Ānāpānasati Sutta*）對於呼吸修習的敘述來稍作說明：

> 諸比丘！入出息念如何修習？有何大果報，大功德？
>
> 於此，諸比丘！比丘或至林中，或至樹下，或至空曠之處坐下，結伽趺坐，端正身體，立念於前。彼正念入息，正念出息。入息長時，彼了悟：『我入息長。』出息長時，彼了悟：『我出息長。』入息短時，彼了悟：『我入息短。』出息短時，彼了悟：『我出息短。』彼〔如是〕練習：『我將入息而證知全身。』彼練習：『我將出息而證知全身。』彼練習：『我將入息而止身行。』……彼練習：『我將入息而證知喜。』……彼練習：『我將入息而證知樂。』……彼練習：『我將入息而證知心行。』彼練習：『我將入息而止心

> 行。』……彼練習：『我將入息證知心。』……彼練習：『我將入息歡喜心。』彼練習：『我將入息集中心。』……彼練習：『我將入息解脫心。』……彼練習：『我將入息隨觀無常。』……彼練習：『我將入息隨觀離貪。』……彼練習：『我將入息隨觀滅盡。』……彼練習：『我將入息隨觀捨離。』……諸比丘！如此修習入出息念，乃有以上大果報，大功德。[13]

呼吸於此明顯被當成了體驗與反思身心現象及個體存在意義的對象，而非滿載著意義的小宇宙具體化身之象徵。生命現象變成觀想與修習之路，同時與初期佛教所提出的生命觀與解脫道相互印證。引文中所提練習及隨觀課題，皆跟初期佛教基本核心宗教論題有關。根據關則富的分析（Kuan, 2008: 70-80），以上十六種的呼吸修習，基本上可分為四組，每組由四部分構成（four tetrads）。第一組為對身體的隨觀，第二部分為對覺受的隨觀，第三部分為對心的隨觀，而第四部分為對法的隨觀。這種安排可能跟初期佛教的修禪的進路有著密切關聯（參閱 Kuan, 2008: 77-80），從對身體的觀想開始，而止於對出世間法的體認。從以上所見呼吸修習相關主題之連結，可看出初期佛教解脫身體之道並非經由苦行，而是透過不斷努力之精進修習。誠然，身體在此已非自給自足、充滿正向之意義提供者，而是跟無常、貪著等過失離不開的批判對象。僧眾透過出入息之修習，除了隨觀佛言的真實不虛，了知世間之不可依恃外，並藉此來開展新的宗教實踐旅程，尋求終極的解脫。

呼吸雖然是生命現象重要的組成部分，但在此已非自我之體現，而是由於跟外在世界接觸而脫韁的感官集合體。僧眾必須好好駕馭感官的奔馳，讓修行生活得以順利展開。呼吸不但被當成一種生命現象來加以觀想，也跟整個初期佛教的重大修行目標連在一起，可說是修行法門之一。然而，對於呼吸之修習與隨觀並非單純、客觀地凝視呼吸的出入，而是在修習的前提之下，充分地覺知身體、生命現象以及感官經驗的易逝本質，進而能從對身體、生命現象與感官經驗的執著中獲得釋放。在此，呼吸已非生命功能發揮作用的表徵，而是需要仔細評估，重新定位的修習對象。如同奧義書一樣，佛教也關注維繫生命現象居首要的呼吸功能，然而其對於呼吸的關注，已經從對生命現象的本質意義之發揮轉到對身體感官的制御及其他出世關照，對於身體感官之調伏首要便從呼吸開始。如同前面所引〈入出息念經〉所述，對於呼吸的調伏要從「正念」開始，念或正念在身至念或身念（*kāyagatāsati*）以及念處或念住（*satipaṭṭhāna*）修習裡面具有關鍵地位，可說是初期佛教有關身心修煉最為重要的核心思想之一。[14] 對於初期佛教有關「念」或「正念」之意涵，Anālayo 提出如下的看法：

> 「正念」並非真的就定義為記憶，而是有助於人順利記憶之事。此一對「正念」的定義所指的乃是：假如「正念」存在的話，則記憶便能順利運作。在「念處」的禪修語境裡面，因為「正念」的呈現，吾人才有辦法將往往容易被忘掉之事記住：也就是處在目前這個時刻。

「正念」乃為對當下之知覺，這點亦可見之於《無礙解道》（*Paṭisambhidāmagga*）與《清淨道》（*Visuddhimagga*）裡面的說法。按其所論，則「正念」典型的特質為「在場」（*upaṭṭhāna*），不管是做為感官（*indriya*）抑或做為覺支（*bojjhaṅga*）之八聖道的一個要素，或在證悟的時刻。

念現前（*upaṭṭhitasati*）因其跟失念（*muṭṭhasati*）直接對立，所以可理解為含有心的到位，之所以是心的到位意味著因為具備「正念」，吾人在當下極為清醒。因為是此種心之到位，所以不管吾人作或說了甚麼，都為心所清楚理解，之後也比較容易將之記起。（Anālayo, 2003: 47-48）

以上所論，讓吾人看到初期佛教在修行上所強調的是對於身體之存在意義持一種中立、超然（detached），而非融入或涉入（engaged）的態度。這種態度基本上是讓意識保持清醒狀態，不能讓身體各種器官的自然運作而怠慢個人的專注精神。特別重要的是，不能因為個人感官與外界的接觸而失去該有的貫常警備態度，否則容易讓對境牽著走，而貪、嗔、癡等執著之心便跟著產生，世間的各種煩惱乃接踵而至。透過對於眼（*cakkhu*）、耳（*sota*）、鼻（*ghāna*）、舌（*jivhā*）、身（*kāya*）、及意（*manas*）等之收攝，亦及「根防護」（*indriyasaṃvara*），方能讓六根保持清醒，不受現象世界的變化所衝擊。《經集》上面即有如下的句子：

制御在戒律及五根上，
正念於身至，屢屢生厭離。[15]

引文裡面所提的身至念為初期佛教重要的修行法門，一般常將之視為對身心訓練的一項重要修習方式，是四念處中的第一念處，也就是隨觀身。不過，身至念的意涵可能要比對於身心現象的專念要來更為複雜些，前面所引《經集》例子得以看出身至念在此主要是指對於感官的防護與對於世間的厭離心。雖然在此提到的是身至念與五根制御的關係，但一般而言，主要指對六根的防護。關則富在其探討念身或身至念理論基礎的文章（關則富，2007）中提到《相應部》裡面〈六入處相應〉（*Saḷāyatanasaṃyutta*）裡佛陀所引用的兩個譬喻（*upamā*），值得一提。在〈六獸經〉（*Chapāṇa Sutta*, SN 4: 198-200）中，佛陀以六獸比喻六根，而以堅固柱子（*daḷha khīla*）比喻身念至之事；而在〈緊獸樹經〉（*Kiṃsuka Sutta*, SN 4:194-195）裡，城（*nagara*）為身，六門（*chadvārā*）喻六入處（*saḷāyatanā*）或六根，門衛（*dovārika*）則被喻為正念（關則富，2007：9）。顯然，念身的觀念一開始跟對身體的防護有著密切關係，透過對身心狀態的緊密看守，只容許熟人（*ñāta*）或善業進出，而嚴防陌生人（*anñāta*）或惡業闖入（SN 4: 194），如此一來，六根便不致脫韁失控，六入處乃得以牢牢守住。

由此看來，身至念在尚未成為系統化的修行法門之前，是跟對身體感官的制御有關，特別是對有關六根或六入處的防護至為重要，因其是身體與外在感官世界接觸的入口。於此，身至念比較像是控制感官流動的閥門或繫住感官對象（*visaya*）與行境（*gocara*）的堅固繩子（SN 4: 198-9），防護的作用在此要大於在意識上面的清醒狀態，所以無身念現前（*anupaṭṭhitakāyasatī*）就等同無制御（*asaṃvara*）（SN 4: 198）。要防止感官迷失於物質世界，就得好好守住（*susaṃvuta*）身心的動向。在《法句經》裡面有如下的句子：

> 制御眼為善，制御耳為善，制御鼻為善，制御舌為善，制御身為善，制御語為善。
>
> 制御意為善。制御一切為善，制御一切之比丘，解脫一切苦。
>
> 謹慎言談，制御身心，不應行惡。淨此三業道，得聖者所示之道。[16]

以上所提的各種制御，可說是僧眾在日常生活上必須加以奉持的戒行。身至念最初的意涵顯然跟身心之防護不可分開，可說是守護身心的基本法門。由對身體的守護到時時刻刻對身體採取一種警醒態度，進而發展出有系統的修行法門，可說是身至念在意義上的一大變化。時時刻刻提醒自己，在萬事萬物的無常變化中保持清醒。對修行者而言，無念（*asati*）顯然是一項重大的過失，尤其是一些重大的佛事。就初期佛教而言，佛弟子常被提醒要時時保持清醒，守護三寶及身體：

> 瞿曇弟子恆覺醒，晝夜常至念於佛。

瞿曇弟子恆覺醒，晝夜常至念於法。
瞿曇弟子恆覺醒，晝夜常至念於僧。
瞿曇弟子恆覺醒，晝夜常至念於身。[17]

其中所提到的身至念與佛、法、僧等至念並列，成為隨時要銘記於心，念念不忘的重要參照對象。而以上引句的「念」比較像是懸念，而非思念，是要牢牢加以把握住的對象。把對身體的警醒跟對三寶的奉持在一起，可見其對出家眾梵行生活所具有之無比重要性。這樣的一種清醒態度日夜皆然，應時時刻刻記住，甚至在睡覺的時候，也不能稍有疏忽：「我隨念如眠覺」（*suttappabuddhao va anussarāmi*）（SN 1: 143）。身至念的重要性在初期佛教是相當清楚的：「比丘獨自赴屍林，知足，心定，勝利，無身髮豎立，守護身至念，意志堅定。」[18]

守護身體，保持清醒，即使到了充滿不淨與陰氣逼人的尸陀林，也不會因為恐怖氛圍而有所畏懼。這裡並把身至念的一些特質標示出來：「知足，心定，勝利，無身髮豎立且意志堅定。」這些特質，應為修行者所擁有，也是身至念者所必須具備的身心狀態。而身至念之無比重要性，可以下面的詩文為證：「若佛與吾願，若吾願能得；吾乃為一切世間取常在身至念。」[19]

上面的偈頌，更把身至念的地位提高到僧眾對於一己的最大期許：是為世間眾生之故，才要力行身至念。事實上，唯有時時刻刻牢記修行目的，將出世守戒的生涯視為生命的最高目標，方能過著不受感官世界影響，脫離塵世日子的梵行生活。

4

以上所言對身體保持警醒與防護的態度，可說是身至念根本精神所在，也是初期佛教在修行實踐上的基礎。此種對於身心嚴加防護態度，若與初期奧義書相比照的話，顯然有著基調上的不同。簡而言之，奧義書裡面的身體觀是一種沒有預設防護機制之身體觀，所以也沒有正念意識上之需求。奧義真理探求並非是從對身體感官之防護與培養身體的警醒態度開始，而是以一種「尊崇」（*upa*+√*ās*）的態度，來參透宇宙萬事萬物的真理，同時透過與萬事萬物的關聯來讓身體這個小宇宙跟大宇宙合在一起。合而為一（unified）、而非分而離之根本態度，是奧義書的時代精神。除了最為人所熟知的梵我合一或如一的基本論點之外，其他的類推或連結思想亦處處可見。在《泰帝利耶奧義書》（*Taittirīya Upaniṣad*）裡面，吾人即見到如下句子：

> 若尊崇其為依止，就會成為依止。若尊崇其為大，就會變大，若尊崇其為思想，就會擁有思想，若尊崇拜為禮敬，願望就會跟他禮敬。若尊崇其為梵，就會擁有梵。[20]（TU 10: 3-4）

「尊崇」在此具有無可匹敵的魔力（efficacy of worship），任何人只要秉持這種態度，便能獲得加持而無往不利。而在初期佛教，跟世間之事物保持距離是一種基本態度；捨離，而非親近，（更不用說尊崇）為處世之根本態度。同時，整個身體跟宇宙的關聯不再，身體已非是一個由意義聯結網所組成的有機體，而是一個需對個別部分攤開加以檢視、以證明其存在的組合體（assemblage）。事實上，身體已經失去其整體性之意義，變成被加解剖、細審的機械式裝置，不同部分已分離開來，個別地呈現在那裡被加以凝視與檢視。然而，彼此之間缺少互動，也不互相支援，因而無法形成一有機體式的組織，所以整個身體並非是饒富生命意涵的小宇宙，更談不上其跟大宇宙之間有任何類比關聯。四念處裡的不淨觀（*Paṭikūlamanasikāra*，厭逆作意）即說：

> 復次，諸比丘！比丘觀此身，從頭至足，皮膚所覆，充滿不淨：「此身中有髮、髦、爪、齒、皮、肉、筋、骨、髓、腎、心、肝、肋膜、脾、肺、腸、腸間膜、胃、糞、膽汁、膿、血、汗、脂、淚、膏、唾、涕、關節液、尿。」諸比丘！猶如兩端有開口之袋，盛滿五穀：「稻、粟、綠豆、大豆、胡蔴、米。」有目之人，張目觀察……。比丘觀察此身，亦復如是，……充滿不淨。[21]

身體是血肉之軀，由多種元素和合而成的聚合體，必定會腐壞、消逝。身體是臭皮囊，裏面裝滿種種不淨之物，有頭髮、指甲、牙齒與身體的其他部分，這些東西都將碎裂、分解。要了解身體的真相，則有必要深思身體的無常以便獲得正確的生活態度。了解身體注定衰敗的本質後，無疑地將會把身體看作厭離的對象，絲毫不加愛著。身體乃如同漏水的水壺般，易碎且難補，無法長久。

這樣的一種對於身體充滿不淨之描繪，前面已經略有所論；若將其跟初期奧義書對於聖化身體的論述相比，簡直是天壤之別，初期佛教在整個思想氣候上的重大轉變於此可見之。奧義書的神聖小宇宙被加解體，成了種種充滿不淨的器官暫居之處。身體不但了無可加稱頌之處，而且是個令人生厭的對象。最重要的是，身體不是「我／自我」，並沒有不變的本質，而是跟著生老病死一起生滅的組合，實在不值得留戀。

如此看來，初期佛教的「無我」觀跟身體的存在意義也有著密切關係。在奧義書裡面，「我」之存在跟身體有著密切關係，身體甚至亦可稱為「我」，由此可見身體所具有之重大意義。初期佛教雖然稱受（*vedanā*）、想（*saññа*）、行（*saṅkhāra*）、識（*viññaṇa*）等皆無我，不過，個人整個感官知覺的源頭在身體，是身體給予思想、意識的可能性。假如身體是無常最為具體之表徵，則與身體連結的感知自然也欠缺恆常意義，而為必將滅解之根處。

初期佛教的無我與無常觀，明白地標示出身體所代表意義之重大轉變，原先吠陀時期的身體一直有其神聖不可侵犯的意義，然而到了沙門年代，身體成了不淨之現，苦行——也就是對於身體在禁制上的種種修習——成了主流的修行方式。苦行及梵行思想，若以耆那教及佛教為代表，可說是代表著對於身體文化如何由不淨到清淨之兩種不同處置方式，但也顯示出沙門思想對於身體所代表意義的共同看法：身體為欲念源頭，是塵世生活所割捨不斷之羈絆，唯有出離修行，方能妥善掌理身心、禁制欲念，過著清淨捨欲日子。出世修行的生活，代表著一種新的生命進展，跟在家之塵世人間剛好成了對比，修行之路代表清淨之道，而其目的乃為了解脫。在印度沙門宗教修行之理念裡，邁向證悟之道所該精進與應加捨離的，二者之間的區隔相當清楚，清淨（*suci, suddha, subha*）與不淨（*asuci, asuddha, asubha*）被清楚區分開來，在家與出家為兩種彼此對立的生活方式，而解脫與輪迴之間更無妥協之餘地。此一二元對立之論述特色明顯地在早期沙門文化中清楚地顯示出來，出家眾應精進於正見、正行及正念等正道，方能在修行上臻於遍淨（*parisuddha*），而無所牽掛。

值得一提的是，佛典經文裡面所提到的關鍵字眼，諸如了悟（*pajānāti*）以及修習（*sikkhati*）等，皆跟吾人在初期奧義書所見到對於身體與宇宙關聯之「奧義」（*upaniṣad*）探討有著根本的不同。於初期佛教，生命現象，不管是呼吸、感受、思惟等皆被當成必須加以檢驗與修習對象。以呼吸為例，其所涉及的整個身體相關活動之感知（*sabbakāyapaṭisamvedin*），不管是帶來喜（*pīti*）或樂（*sukha*），不管為身行（*kāyasaṃkāra*）或心行（*cittasaṃkāra*），在集中精神來加注意（*sati*）後，乃思索如何將注意轉成對於呼吸之調伏，使修行者不至變成對於呼吸之一味依賴，並且藉此觀身，以了解無我之真義。

就初期佛教而言，生滅之緣起、五蘊、六識等都是需要加以徹底了解之超越性真理，與揭露隱藏之宇宙意義無關，更非對宇宙萬事萬物之間充滿意義關聯的見證，而是對世間生滅現象之檢視與觀想。以了悟所常用的如下套語為例：

> 彼如實了悟：「不管如何，凡是集法者乃一切滅法。」[22]

吾人見到初期佛教對於世間現象所代表意義的所採取的一種捨棄態度，出世的重要性在此顯露無遺。簡言之，初期奧義書時代對於人間世界的肯定以及相關積極作為，在初期佛教遭到尖銳之質問；再者，佛教的緣起（*paṭica-samuppāda*）說基本上也是與奧義書梵我一如說之對話。不過，佛陀將奧義書之宇宙間意義網加以拆解，並以出世間法加以取代，萬事萬物之間的連結已非存在意義之類比關係，而是一種因果循環般的繫縛，世人必須徹底捨離此一輪迴循環，方能獲得真正解脫，吾人得時刻留意與世間生活密切連結之此身，慎防其墜入欲念與貪著之深淵。總之，初期佛教身體觀代表著其對於正統婆羅門思想的拒斥與重建，而其思想論述主體性之建立，跟身體觀及其相關修行之道有著密切關係。出家眾於不時觀身之修習下，體會到不淨、苦、無常、無我等的深刻理法，克服諸多的身心關卡，征服世間所象徵之敵，諸如家、貪、嗔、癡，以及對於感官之執著與各種煩惱，並且不斷地於委身於梵行生活。完成圓滿梵行之棄世者，即是克服身體障礙的勝者。

結語

佛教興起時代代表著新的沙門思想之崛起與流布，而初期佛教的身體觀則跟其時代之整個思想風潮有關。雖然佛教跟其時當道的主流唯物思想保持距離，也對「外道思想」提出嚴厲批評，然其對身體的看法亦跟初期奧義書完全相左，顯示出沙門在反對正統思想上的一致性。就宗教實踐而言，初期佛教配合著對於無常身體的看法，乃發展出對於身心的鍛鍊方法。四念處或四念住思想代表著這一方面的成效展現。以跟四念處互通的身至念為例，修行者得透過對於身體的觀想來修練警醒、專注於不執著心等，並由不淨觀等來發現此身之無常、無我等特質。如此觀想與修練之後，僧眾方能放下對身體的依戀，不再為感官知覺所羈絆，因此捨棄對此身之戀著，乃是通往解脫的不二法門，並且是修行路上至為關鍵的一步。

能夠捨棄對於身體之執著，才能離開對此世的依戀，修行者在對感官與世間所代表的世界觀徹底產生厭離心之後，乃可成為出世真理的見證者。初期佛教的身體觀明顯地開啟了不同於初期奧義書的身心修行文化，身體並非是一個充滿神聖符號之小宇宙，而是需要隨時加以注意與提防的易碎容器；唯有徹底了解此一生命之根本前提，方有邁向終極得度之可能。

第二部分

中世身體觀

第四章

獨一與化身

從自在天思想的開展看印度教之興起*

> 公元前後 400 年期間標記出吠陀時期過渡為後吠陀時期。其中，新婆羅門綜合體（new brahmanical synthesis）——也就是「一般被稱為印度教之文化聯邦（federation of cultures）」——興起，試圖將幾股不同的印度思想與實踐潮流放在一起並加以調停。雖然一些原初 bhakti〔信奉〕思潮可能見諸於吠陀傳統，但只有在公元之前與之後 200 年期間，流行的 bhakti 運動崛起。信奉潮流——其暗流可能已蓄勢待發幾個世紀——突然在公元之前最後幾世紀之間，於印度次大陸一些區域迸出，其表現方式可見之於以毗濕奴和濕婆為中心的教派敬信運動之興起，以及在地方村落層次以各式各樣方言來禮拜華服美飾諸女神之湧現。（Holdrege, 2015: 21）

引言

印度中世思想的重大變化之一，乃是新神觀的開展，也就是自在天（Īśvara）的出世所帶來之重大改變。自在天做為宇宙之最高主宰，以其千變萬幻之身軀，應時而生，普度眾生，為苦難人間之終極救度者。此一神觀為印度宗教開啟了一個新的紀元，更標示著印度教之誕生。本篇論文從自在天觀念的流布來看中世印度教之興起。同時，透過自在神觀的興起來檢視印度宗教在思想與實踐上之重大轉變。

值得一提的是，自在天思想的出現也代表著解脫方式的重大改變。信者可透過對於神的完全依賴得到救度。此一濟度觀跟沙門傳統透過一己修行的自力解脫思想有著根本上的不同。信奉或信愛（Bhakti）[1]與密續（Tantra）思想的興起，都與此一神觀有著密切的關係，因其廣開救度之門，此一神觀逐漸成為印度宗教的主流思想，沙門的傳統解脫觀遂遭到前所未見之挑戰。

1

《梨俱吠陀》（*Ṛg Veda*）第十章第 90 首詩歌（又稱〈原人歌〉，*Puruṣa Sūkta*）裡面對於原人之讚頌是因為透過原人之犧牲，普世階級社會乃從其身體源出。原人自我犧牲成就了新社會宇宙，並成為整個新秩序的源頭，稱得上是將古代印度從自然狀態提升到井然有序社會之自我奉獻的濟世者。普世社會堪稱原人最為完美之傑作。而吠陀時代所開展出之普世社會再加上中世思想所成就的普世之神，乃成了印度教宗教社會的具體表徵。

這章所要討論的是中世印度神觀的改變所帶來之宗教新境界。具體言之，則印度教時代的自在天神已非吠陀時代的天神（*Deva*），兩者之間有著在時空上的極大差距。天神之世界做為吠陀時代的神觀指標，主要是指一個自然秩序及宇宙秩序之守護萬神殿，裡面有著各司其職的神祇，並沒有出現一個像雅威一樣的萬能主宰者。如因陀羅固然為萬神之首，但它並非宇宙秩序之主宰，阿耆尼、伐樓那或密多羅等天神也都位居要職，彼此之間並非為從屬關係，而是共同守護、完成宇宙秩序之合作者。（參閱 Macdonell, 1974: 15-53; Oldenberg, 1988: 61-131）在《梨俱吠陀》中雖然吾人見不到像中東或希臘神話中的天庭會議，但諸神之間基本上維持一種相對平等的互動關係。

吠陀時代的神觀在中後期時代有了顯著的改變，先是在梵書（Brāhmaṇa）祭祀萬能的觀點影響下，諸神也得倚賴祭祀方能成就其意欲，因而漸漸失其獨立性，導致原先在《梨俱吠陀》中的諸神個別之獨立面貌乃變得模糊。接著初期奧義書再由對祭祀身體跟宇宙秩序之類比，產生出對於小宇宙與大宇宙關係所做我梵如一之冥想。如此一來，對宇宙秩序存在的究竟意義乃有了新開展。假如個體是整個宇宙縮影的話，則個體背後不變之自我跟宇宙秩序所化身永恆之梵為何，更是一個終極的問題。（參閱 Oertel, 1933= 1994）

值得一提的是，在《歌者奧義書》裡討論有關世界源起的問題時，曾提及存有與獨一的觀念。這是悉婆多蓋杜（Śvetaketu）父親阿盧尼（Āruṇi）在對他兒子進行梵行再教育，引用有關我梵關係的種種譬喻做說明時，所提出的廣為人知的一段談話：

> 吾兒，太初僅為存有，獨一無二，但有些人則說：「太初僅為不存有，獨一無二，從不存有生出存有。」
>
> 然而，這怎麼可能呢？吾兒，他接著說：怎麼會從不存有生出存有呢？吾兒，太初的確僅為存有，獨一無二。[2]（CU 6, 2: 1）

雖然此處接下來所論述的是從有（*sat*）到多（*bahu*）的宇宙生生不息之景象，但存有與「獨一無二」（*ekamevādvitīyam*）之觀念在後來的《白騾奧義書》信奉裡面有了重要的發展，其跟自在天觀念的興起有著莫大的關係。而自在天跟獨一神的結合，則進一步促成了新宗教傳承的推出，這中間的轉變至為重要（容後細談）。不過，由於初期奧義書新思想的展開，於是乃進一步推展出有關永恆不變的存有秩序（包括自我與梵）的源頭。原先在《梨俱吠陀・原人歌》所見自在天或主宰的相關字眼 Īśāna，（不朽神界之自在主：*utā́mṛtatvásyéśāno* 2 c）於後來的吠陀文獻相對少見。這並非意味著其重要性不再，而是印度宗教的神觀處在改變的過程當中。在此舉例並對 Īśāna 於初期奧義書出現的部分稍做說明：

> 此世於太初僅有梵，為唯一者。其為唯一存在者，並未分別開。之後，他造出更佳形色之統治權，也就是在眾神之中的統治權，包括因陀羅，伐樓那、蘇摩、樓陀羅、雨神、閻摩、死魔與<u>自在主</u>。因此，沒有比統治權更高的了。[3]（BĀU 1, 4: 11）

於此，Īśāna 為一位具有統治權的新天神，跟因陀羅等重要諸神平起平坐。很明顯的是，這位神祇並非樓陀羅（Rudra，也就是後來印度教之濕婆），而是一獨立神格。祂的出線是否預告一個新的時代即將來臨？更重要的是下面這個句子：

> 一旦某人清楚地見到此一自我為神，
> 是過去、未來之<u>自在主</u>，他就不會厭棄。[4]（BĀU 4, 4: 15）

在此將自我、神與自在主視為一體，讓人看到後來信奉與密續運動中有關人神關係之思想源頭。而文中並提到此一神祇為過去與未來之自在天，顯然此一自在天是不受時間限制之存有。同時，雖然在此並無見到一個獨立自主之創造神祇的產生，但卻可以清楚地見出從天神到自在天之改變，此一萬物或世界主的概念，在比較晚出的《憍尸多基奧義書》中表現得更為清楚：

> 正如輪圈湊緊車之幅網，幅網湊緊輪軸一樣，存有之粗細元素乃湊緊知識諸要素，而知識諸要素乃湊緊氣息。氣息正是知識自我，喜樂，不老，不朽，不因善行而增加，亦不因惡行而減少。氣息讓那些想從諸世界往上提升者行善，那些想

往下驅使者行惡。其為世界之守護者，其為世界之主，其為世界之主宰。一個人應該知道：「這是我的自我。」一個人應該知道：「這是我的自我。」[5]（KU 3: 8）

以氣息做為人生命主宰來說明自我之自主獨立地位，來寓意身體做為一小宇宙，並有其背後主宰，於此小宇宙遙相相呼應的是，大宇宙化身之梵界（*brahmaloká*），其亦從存在於知梵者（*brahmavíd*）內心世界（BĀU 4, 4: 23）且變為知梵者死後可以前往之地（KU 1:6），而當中住著「梵天」（*brahmán*），原先的梵界乃轉成梵天所君臨之境的梵天界（*brahmaloka*）。

而對於宇宙主宰之論說到了初期佛教顯然蔚為風潮。佛教興起之時，即有一派論師對於自在天（P. *issara*）展開熱烈討論，其被初期佛教歸為「一部分常住，一部分無常住（*ekacca-sassatikā ekacca-asassatikā*）」之論者把梵天跟自在天加以整合，成了其時自在造物觀的言說代表。此一梵天被譬為：「常、恆、永住、其法不變、恆常存在。」[6]看來，奧義書至高之宇宙原則漸漸變為永恆宇宙之創造者。在以上所引述有關梵天之經文中，這位宇宙之創造者自詡為：

我為梵、大梵、勝者、無能勝者、一切見者、宰制者、<u>自在天</u>、創造主、化生主、最上者、派令者、自在者、已生成及未生成之父。（DN 1:18）[7]

由此可見在初期佛教，自在天的相關問題已引起極大的興趣與廣泛的討論。[8]這是正統婆羅門思想解禁所促成對種種宇宙生成的思索與臆測。與初期佛教對吠陀宇宙論之解構思想加以對比的話，此一神觀代表著由初期奧義書中的梵我一如宇宙秩序的探討轉變為對於宇宙主宰之求索，是印度正統思想重建之部分。在沙門思想的挑戰之下，婆羅門之宇宙觀正在轉換，而新神觀也正逐漸形成中。在與印度教思想發展關係密切的奧義書中，這一方面的論述開始變為系統化，最後促成了印度教神觀系統論述的出現。而新神觀也代表著印度教之重要出發。《自在奧義書》（Īśā Upaniṣad）與《白騾奧義書》裡面出現之 Īśā 或 Īśvara 可代表著這一方面新的思想進展之成果。《自在奧義書》裡面有關自在者（Īśā）之描述如下：

> 唯一者不動，卻比思想更快，維持領先，眾天神趕不上祂;
> 祂站著，卻超越其他奔跑者，在祂之中，風支持所有的水，
> 祂既動又不動，既遙遠又臨近，
> 既在一切之中，又在一切之外。
> 一個人在自我中看到一切眾生，
> 在一切眾生中看到自我，就不會厭棄。[9]（IU 4-6）

上面的文句顯示出自在者（Īśā）為一超越二元對立（beyond dualistic opposition）、全然獨立且不受限制之身分：既內在又超越之唯一者。唯一者於此處的出現更具有重大意義，可說是正式宣告自在天做為獨一無二之神的宗教新世紀之到來

（容後敘）。而這種對於神祇存在的敘述比起之前所提《廣林奧義書》（BĀU 4, 4:15）中不受時間限制之自在主（Īśāna），在相關隱喻之使用上更為生動而鮮明。值得一提的是，若參照兩者所使用之文句，可發現自我與自在天相互輝映的情形，提供了人與眾生、神之間合而為一之可能性。如此一來，個人不需離棄此世尋求解脫，便可發現自我，找到生命意義。在這同時，他與一切眾生之生命也無法分離，個人存在意義獲得新的向度，這種普世救度思想在此時正在發展中。Patrick Olivelle 在簡介《自在奧義書》時即有如下的一段說明：

> 《自在奧義書》做為白夜柔吠陀之一文本，其在思想與表達方式上跟《廣林奧義書》有很多類似之處。然而，《自在奧義書》之教理與概念顯示出，此一文書在時空環境上大致跟製造出其他有強烈之神論及虔信傾向之類似文本同一歸屬，比方說《白騾奧義書》、《禿頭奧義書》（Muṇḍaka Upaniṣad）以及較不顯著程度上也包括《伽陀奧義書》（Kaṭha Upaniṣad）。在所有本土奧義書之集成上，《自在奧義書》被放在首章。（Olivelle, 1998: 405；劃線部分為筆者所加）

2

《自在奧義書》代表新救度神觀的出發。此一新神觀，誠如 Olivelle 所言，成為包括信奉及密續之新宗教運動之思想基礎。

信者與神祇之間發展出極為密切的信奉者與救度者之關係。而在《白騾奧義書》[10]裡面，有關自在天的論述更為周延與全面，讓人可以清楚地看出自在天不可思議之超然存在意義。整體看來，《白騾奧義書》可說是有關自在天為一完全獨立之存有者之敘述中最具決定性的頌歌，確定了樓陀羅－濕婆的至高地位，可說是正式宣告了濕婆教派（Śaiva）的誕生（參閱 Salomon, 1986）：

藉自我真性，其如同燈光，
個人專注，於此見到梵的真性，
他知道神不生、永恆，一切真性清淨，
擺脫一切束縛。

這位神遍及所有方向，
既最先出生，又懷在胎中；
既是過去生，又是未來生，
站向眾人，面向一切。

這位神在火中，在水中，
入於一切存在物之中，
在藥草中，在樹林中，
向這位神致敬！南無！[11]
（SU 2: 15-17）

藉著逆說或詭論式的言說（paradoxical discourse）之反覆鋪陳，神在此被提高到前所未有的地位。至高神是超越一切存在限制之存有主宰意義，在此完全表露無遺。此一無處不在與無所限制的神祇，乃為世人所歸依。而在此一奧義書裡面，樓陀羅－濕婆亦被稱為大自在天（*maheśvara*, 4:10; 6:7）、原人（*puruṣa*, 3: 8,9, 12, 13, 14, 15, 19）、薄伽梵（*bhagavat*, 4:10; 5:4）、眾神之主（*devānāmadhipa*, 4:13）等不朽尊號。祂具足神威（*śakti*, 4:1）、幻化（*māyā*, 4:10）等卓絕而不可思議之特質，為眾生最後依止。在此可以第三章對於這位大自在天的敘述來加說明：

> 誰為獨一者，張網，藉其自在諸力主宰，藉其自在諸力主宰一切世界？
> 誰在起源及出生上為獨一者？知此者成為不朽。
> 因為樓陀羅是唯一者，容不下第二者，藉其自在諸力主宰諸世界；
> 祂在生靈裡面；世界終末收縮時，祂與所有眾生相混而為其保護者。（3: 1-2）
>
> 誰更高，高於梵，為隱於量身訂造眾生背後之大塊？
> 獨為一切世界之包攝者？人若知其為主宰就得以不朽。（3:7）
>
> 沒有超越祂者，也沒有任何落後於祂者，無有比祂更纖細者，也沒有任何比祂更粗大者。
> 祂好像立於天上一棵孤挺的樹，而整個世界為原人所充遍。
> 什麼會比無形相，無患疾者更高呢？
> 知此者成為不朽，其他人獨遭苦痛。

誰是一切之顏、頭與頸，隱身於眾生心中？

祂是薄伽梵，吉祥者〔濕婆〕無所不在。

誠然，原人為大主宰，能生有情。

極淨者主宰著光，此一不滅之成就。[12]（3: 9-12）

以上所引章節是詩人對於自在天之本質意義之無限冥想，詩人藉著獨特而令人印象深刻之隱喻堆疊，透過不斷的問答追索，將不可言說者的至高主宰之特質巧妙地傳達出來。如此一來，雖然樓陀羅之面貌依舊神祕，但其不可思議的本事已經表露無遺，直令聽聞者驚奇連連。

最為重要的是，此一對於獨一無二者或唯一神（*eka*或 *eka deva*）之追求乃促成新的至高神——自在天——之產生，而眾生或信者跟獨一者或唯一神的關係，也進入新的境界。原先在吠陀時代，自在天思想尚屬萌芽中，眾神並不被賦與此一能力，而人神之間並無如此緊密的關係，而此時信者與救度者之緊密結合的觀點乃促成中世印度新宗教視野，神不再是吠陀時期宇宙秩序的監督及守護者，而是宇宙秩序之創造者、延續者甚至是具有破壞能力，為一全能、全知及遍在之神。再者，自在天是眾生之護持與拯救者，人若知道自在天無所不在，並對其能力深信不疑，便可獲取救度、脫離生死輪迴、得以不朽。於此一新的神觀中，自在天以其無限之救度能力，透過化身或神變隨時隨地拯救眾生，眾生可透過對於神的專心奉侍得到救度，也可經由密續修持的方式與神合而為一，獲取無上加持之動能。這可以說是印度宗教史上的一大革命。

值得注意的是，《白騾奧義書》第三章不但將自在天與原人合而為一（見 8、9、12、13，14 與 15 頌），並對《梨俱吠陀》所見之最初原人形象畫龍點睛，成了更具力量、更有看頭的巨靈，此一連結顯示出自在天與古老聖典永恆化身之關聯，讓新誕生的濕婆更具神威。《白騾奧義書》更在第十四及十五頌直接援用《梨俱吠陀・原人歌》開頭的二個偈頌，不但讓原人復活，更讓自在天不朽，這二個偈頌是對於原人處於自然狀態所做之敘述。顯然，奧義書作者想跟最為古老原初之世間主——原人加以掛勾，將其當成新的造物主，創造出另一次新的宗教宇宙秩序。這種結合，應該是有其雄心壯志的：想企圖回到階級社會生成之前的原人舊世紀，提供眾生平等救度機會。

此一原人舊世紀在〈原人歌〉開始兩首頌歌所展現的場面頗為驚人。裡面所提到的有著千首、千眼與千足的原人，是一種不受限制、覆蓋了整個大地的自然狀態。這種狀態不但讓原人有其自由及偉大處，也是過去與未來的掌握者，更是不朽神界與人間之主（參閱第一章）。《白騾奧義書》借用這些敘述，明顯地將自在天地位放到未受犧牲與規範之前的自主狀態，同時原人在身體之象徵上轉變成為一種具有不可思議能力的創世者之具體化身，原人之重現在此代表著一種傳承自舊時代的新精神，宣告著宇宙救世主的重新到來。

事實上，《白騾奧義書》跟《梨俱吠陀》的連結除了〈原人歌〉之外，還在其他多處直接或間接使用了《梨俱吠陀》的詩句（Salomon, 1986: 172-173）。比方說，在有關太初與自在天關係的詩文裡，吾人見到《白騾奧義書》有如下的敘述：

yadā tamastanna diva na rātrirna sanna cāsacchiva eva kevalaḥ/
tadakṣaraṃ tatsaviturvareṇeyaṃ prajñā ca tasmātprasṛtā purāṇī//
（SU 4: 18）
其時闇黑，既無日亦無夜；無有亦無無有，而獨有濕婆；
其為不朽，其為最出色之太陽神，古老智慧因而流布。

此一偈頌跟《梨俱吠陀》第十章第 129 首對於創世源起猜度之頌歌（被稱為〈無無有歌〉*Nāsadīya Sūkta*）之前三頌，有諸多雷同之處。Salomon 已在其專文指出其中的一些重要關聯（Salomon,1986），並說明《白騾奧義書》借用《梨俱吠陀》詩句之用心所在。〈無無有歌〉前三頌如下：

nā́sad āsīn nó sád āsīt tadānīṃ nā́sīd rájo nó vyómā paró yát/
kím ā́varīvaḥ kúha kásya śárman ámbhaḥ kím āsīd gáhanaṃ gambhīrám//
ná mṛtyúr āsīd amŕ̥taṃ ná tárhi ná rā́tryā áhna āsīt praketáḥ/
ā́nīd avātáṃ svadháyā tád ékaṃ tásmād dhānyán ná paráḥ kíṃ canā́sa//
táma āsīt támasā gūḷhám ágre 'praketáṃ salilám ā idám/
tucchyénābhv ápihitaṃ yád ā́sīt tápasas tán mahinā́ jāyatáikam//
（RV 10 129: 1-3）

爾時，既無無有亦無有；無大氣亦無高於其上之蒼穹。

如何轉動？從何而來？誰之庇護？有無不可測之深淵？

其時無死亡，亦無不朽；無夜日可辨。

無風，那獨一者以自我之力呼吸，越此再也沒有任何他者。

太初之時，暗黑為暗黑所蓋覆，一切世界盡為無形難辨之水。

其所生成時，為空所覆，他藉大熱之力而誕生。

這首對於世界源起所做天問似的問答詩歌，可能是不同詩人針對「太初是有？還是無？」等宇宙奧祕相關問題，透過對話來陳述混沌之玄奧景象。這裡所引之三個偈頌，極有可能是三個詩人（*ṛṣí*）對於太初所做之不同冥思，裡面最突出的地方乃是對造物者（*eka*）存在所做之探討。《白騾奧義書》的作者對此一創世詩歌巧妙加以挪用，以移花接木的方式將以上三個偈頌濃縮成半句詩歌，而將獨一者冠上濕婆名號，來顯示濕婆在創世奧祕上所扮演的絕對不二角色：濕婆成了創世問題之解答，為其時之唯一者。「獨有濕婆」（*Śiva eva kevalaḥ*）是世界冥昭瞢闇之時便已經出現的獨一神。[13] 另外，下半詩句所提 *tatsaviturvareṇeya* ，則為《詠野坦哩經咒》（*Gāyatri Mantra*, RV 3 62: 10）之首句，是《梨俱吠陀》直到今天最膾炙人口的詩句之一：*tát savitúr váreṇyaṃ bhárgo devásya dhīmahi*（願吾人可臻太陽神出色之光彩）。另外值得一提的是，在印度教之啟蒙禮（upanayana）上，再生族以唱頌《詠野坦哩經咒》來完成對於吠陀學習之責，因為吠陀之啟蒙代表著清淨的再生儀禮。於此，《誐野坦哩經咒》成了吠陀之化身，將濕婆與此一著名真言攀上關係，顯見作者要將濕婆提升為聖典傳承源起者之企圖心：濕婆乃吠陀的創造者。有關《白騾奧義書》4. 18ab 與《梨俱吠陀・無無有歌》前三句的關係，Salomon 做了如下的觀察：

> 《白騾奧義書》4. 18ab 跟創世讚歌前三節在用語與意義之類似性上可以相通。但接下來的「獨有濕婆」（*śiva eka kevalaḥ*）相當突兀，毫無疑問是有意讓其在讚歌中不同於任何事物。吾人若做如下想像，應該不會太牽強：創作者在此加進這個句子，是想對創世讚歌第一個句子後半說辭上所提之問題，也就是對「如何轉動？從何而來？誰之庇護？」提供答案。換言之，作者將《梨俱吠陀》讚歌之首來個意譯，好引進濕婆做為獨一者，是宇宙源頭及統治者，而在語境上讓人覺得是對吠陀讚歌之進一步啟示或說明。誠然，這首讚歌是吠陀經典中最重要而為人所熟知的讚歌之一。
>
> （Salomon, 1986: 171）

由此可見《白騾奧義書》作者用心良苦所在，從樓陀羅變為濕婆需要一個可以依附的語境，而這得從印度教徒所視為天啟的吠陀經典（Śruti），而特別是《梨俱吠陀》這部天書中來找尋。然而，要從吠陀萬神殿中來發現新的啟示，誠屬不易。因陀羅（Indra）已成佛教的護法神，而梵天又與婆羅門的關係太過密切；在這種情況下，為暴風群神（Maruts）之一的樓陀羅，因其不甚突出的身分，反而有了發展機會，最後成了首選。而將樓陀羅轉成濕婆，便是將其從眾神之一的身分轉為至高存在之獨一化身，跟宇宙的終極奧祕合而為一。名為吉祥安穩的濕婆之誕生跟印度教的出發關係密切，印度教已經不再是先前眾神平等競爭之萬神殿，而有其最高神祇做為世界之主宰，Salomon 稱《白騾奧義書》為「濕婆教派之護教書」（Salomon, 1986: 173）自有其根據。[14] 這種用心亦見於當中其他對於濕婆的敘述，比方說在《白騾奧義書》4. 13 提到：

yo devānāṃadhipo yasmiṃllokā adhiśritāḥ/
ya īśe asyadvipadaścatuṣpadaḥ kasmai devāya haviṣā vidhema//

其為眾神之主，世界依止於其中，
祂主宰著雙足及四足者，吾人應獻祭給何方神祇呢？

事實上，此一偈頌跟《梨俱吠陀》第十章第 121 首被稱為（生主歌）（*Prajāpatya Sūkta*）的第三頌有著密切關聯，特別是「*kasmai devāya haviṣā vidhema*」是除了最後偈頌外，出現在每一頌歌最後音步之疊句，在此可拿當中的第三頌詩句為例：

yo devānāṃadhipo yasmiṃllokā adhiśritāḥ/
ya īśe asyadvipadaścatuṣpadaḥ kasmai devāya haviṣā vidhema//

藉其力變成呼吸者及眨眼者世界獨一之王，

祂主宰著雙足及四足者，吾人應獻祭給何方神祇呢？

此處透露出獨一者跟宇宙創世之連結。而在這首著名的（生主歌）裡面，除了第三頌之外，第一、第七和第八頌裡面皆提到獨一者。以第一頌為例，其文如下：

hiraṇyagarbháḥ sám avartatā gre bhūtásya jātáḥ pátir éka āsīt/

sá dādhāra pṛthivī ṃ dyā m utémā kásmai devā ya havíṣā vidhema//

太初金胎出世，為生出眾生之獨一主。

祂已穩住地與天，吾人應獻祭給何方神祇呢？

顯然，《白騾奧義書》的用心所在為：濕婆是《梨俱吠陀》裡面所一再尋找的那個獨一者，而詩文中雖然沒直接提到唯一者，但由其跟《梨俱吠陀》的連結，已經呼之欲出：獻祭的對象當然是唯一神祇樓陀羅－濕婆。這點，也可由《白騾奧義書》（4:22）當中所連結到的《梨俱吠陀》中唯一有關樓陀羅的詩文來加以印證：

mā nas toké tánaye mā na āyaú mā no góṣu mā no áśveṣu rīriṣaḥ/

vīrā́n mā no rudra bhāmitó vadhīr havíṣmantaḥ sádam ít tvā havāmahe//（RV 1 114: 8）

請勿傷及吾人後代子孫及吾人延命，還有吾人的牛馬；

樓陀羅啊!請勿發怒殺害吾人勇士，吾人一奉獻祭品祈求您。

藉此神聖連結，《白騾奧義書》中的唯一神取得《梨俱吠陀》之正式授權。而保護禽獸的角色亦由濕婆所承接，至此濕婆變成獸主（Paśupati），流芳百世，得以不朽。

再者，由《白騾奧義書》4. 11-13 模仿《梨俱吠陀．生主歌》裡面對於創世者開天闢地、創造萬事萬物之相關本領的敘述看來，原先在《生主歌》裡面最後一頌所提創造之主 *Prajāpati*（生主）為「何方神祇」問題之答案，也被獨創新局、獨一無二之自在天所取而代之。

這裡面亦透露出另外一個重要訊息。*Prajāpati*（生主）在《梨俱吠陀》第十章出世之後，在梵書裡面則變成最為重要，甚至可說是收編眾神、而統管一切的創造神。雖然其所扮演的角色基本上為祭儀（*yajña*）之創造神，而非宇宙的創世者，但其所代表的最高主宰意義，也等於替後來的獨一之神鋪路，不可不加以重視。

除了以上的例子之外，《梨俱吠陀》第十章第 81 首被稱為〈造一切者歌〉（*Viśvakarman Sūkta*）之第三頌有關獨一者之敘述也被《白騾奧義書》3. 13 所加挪用。《梨俱吠陀》相關詩文如下：

> *viśvátaścakṣur utá viśvátomukho viśvátobāhur utá viśvátaspāt/*
> *sám bāhúbhyāṃ dhámati sám pátatrair dyā vābhū mī janáyan*
> *devá ékaḥ//*（RV10 81: 3）
>
> 四方有其眼，四方有其顏，四方有其臂，四方有其足。以雙手來鍛造，以羽翼來鍛造，這唯一神造了天地。

這種觀照整個世界的普世之神，不但以其一人之力打造出整個世界，亦用其身保護人間。這唯一之神不但是造一切者，更以其大能力用心地守住世界，可說是普世救度者。值得一提的是，此一敘述跟《原人歌》裡面對於原人身體之敘述，有某種類推上面之擬似性：唯一神的身體是無所不在，無所限制的。這樣的自在身體，成為後來印度宗教救度者之原型，不但包括濕婆或毗濕奴，觀自在的身體與此亦有密切關係。[15]

總之，獨一神的概念確實在《白騾奧義書》中有了重要的發展，這種發展對於印度宗教的影響甚大，亦讓人見到印度宗教之獨一神觀特有之展現面。[16]此一神觀雖是從梨俱吠陀的萬神殿經過梵書的生主到中期奧義書發展出來，但卻有著新而獨立的風貌，為婆羅門宗教傳統開啟了嶄新的局面。Zahner 提出如下的看法：

> 《白騾奧義書》的成就在於將早期奧義書的教義加以熔接……包括《梨俱吠陀》諸多創世讚歌之洞識，來形成一種神論架構。其神祇樓陀羅－濕婆不再是眾神之一，而是放

> 散、維持與以及將整個宇宙再吸收成為其實體之第一因，雖然他本身無所為，沒有感覺，卻透過其能量，也就是神威（*śakti*），永不停止其活動，而整個世界得以存在再遭毀壞。祂是大自在主（*maheśvara*），並沒有不屑住於人心中，而「那些在心念上知道牠住於其心中者，得以不朽。」（4:20）（Zaehner, 1962: 82）

此唯一至高神思想給予了新出現的印度教無限動能，不但促成壯觀的宗教運動，更扭轉了整個印度宗教的局面，與此神觀關係密切的印度教逐漸成為一枝獨秀的局面。同時沙門宗教則遭到前所未有的衝擊，勢必得回應新的神觀及救度思想。

於此一宗教運動或革命思潮裡面，自在天以其深不可測的神威，跟信眾及行者（*yogin*）之間產生出極為微妙的互動關係。信眾跟行者不再彼此地位懸殊，而成為在自在天面前有著平等地位的歸依者。行者觀想自在天之神威，並透過儀軌修煉來實踐與神合而為一的神聖理想，以期獲得無上加持。就信眾而言，自在天實為普世救度者，可隨時隨地化身拯救苦難眾生。看來，自在天不但為密續行者立下了修行標竿，更是無數心懷淨信之善男信女心中度一切苦的怙主。自在天的世界成了印度新宗教之終極指標。得度不再遙不可及，也並非是必須捨離世界、過梵行生活才能奮力達成之目標，眾生若專心侍奉所信受之自在，則於此時即世便可離苦得樂，進到大自天的世界。而面對此一風起雲湧的新婆羅門宗教運動，佛教自然無法置身事外，從部派轉到大乘的佛教革命，特別是菩薩思想的產生，乃可以見到自在天相關思想之影響。若說初期佛教等沙門傳承對於婆羅門之在家入世思想有著莫大衝擊的話，則此時印度正統思想之復興運動，正逐漸衝擊沙門思想，並在最後成為印度中世之思想主流。[17]

3

自在天思想在《薄伽梵歌》（*Bhagavad Gītā*）中有了進一步發展。[18]在詩歌中，黑天一再諄諄告誡阿周那人與神的新關係。這種自在天本尊現身跟其信眾對話的情形，跟《白騾奧義書》裡面詩人對於獨一者引經據典似的深奧沉思大異其趣。而婆羅門的抽象思想語言，也轉為一般信眾可以理解的話語，讓人見到新的普民宗教之可能性。大自在天乃由抽象轉為具體，濕婆搖身一變為毗濕奴（Viṣṇu）之化身黑天（Kṛṣṇa）。而在《薄伽梵歌》裡面至高神黑天也自稱為自在（13: 28; 15: 8; 18: 61），大自在（13: 22）或至高自在（13: 27）。此外，黑天亦自稱為至高神聖原人（*paramaṃ puruṣaṃ divyaṃ*, 8: 8），而原人一詞也不斷地在詩歌中出現，甚至在《白騾奧義書》裡面對於原人之敘述也被加以運用：

> 隨念這位古老詩人，統治者，比原子更為微小，
> 所有一切之維繫者，形貌不可思議，太陽色澤，超越黑暗。[19]
> （BG 3: 9）

我知道這位大原人，太陽色澤，超越黑暗。

人若知彼，便能跨越死亡，去此別無其他道路。[20]（SU 3:8）

原人與自在之相關母題在《薄伽梵歌》中廣泛被加以使用的情形，顯示出其與《白騾奧義書》之間的密切關係。對於兩者之間的關係，Basham 提出如下看法：

> 《薄伽梵歌》就某種意義而言，是古代奧義書傳統完結篇。……此一著作在很多方面與《白騾奧義書》相互輝映。在《白騾奧義書》對濕婆所作之敘述雖然稍短，但完全等同於《薄伽梵歌》中對於毗濕奴的敘述，讓祂成為終極之神，為整個宇宙的源頭。不過，《薄伽梵歌》包含了一些《白騾奧義書》所沒有的元素，而其定稿年代要來得晚些。
>
> （Basham, 1990: 82）

誠如 Basham 所言，《薄伽梵歌》與《白騾奧義書》彼此可相互參照發明。只是在《薄伽梵歌》中，唯一者不再是被冥想的對象，而是下凡世間，具有千變萬化身體之最高宇宙主宰。為了讓眾生更容易理解與掌握，自在天的整體世界變成「既存於一，但又多樣分散」（*ekasthaṃ jagat kṛtsnaṃ pravibhaktam anekadhā*）（11: 13）之神祇。此外，薄伽梵也變成了印度教對於濕婆或毗濕奴等自在天化身的稱呼，其中自在天成了直接面對信眾說法的世尊（*Bhagavat*），入世與出世智慧皆能出入。面對眾生問題侃侃而談，毫無保留，為其信者的最後歸依。

值得注意的是，原質（*prakṛti*）的觀念在《薄伽梵歌》中隨著原人教義的開展而更形重要，成為印度教數論派（Sāṃkhya）出發的根本教義。但在《白騾奧義書》裡面原質只出現過一次（4: 10），而主要提到的原初物質之概念為 *pradhāna*（1: 10; 6: 10, 16），並且也只一筆帶過數論瑜伽（*sāṃkhyayoga*, 6: 13）。然而，這些隱而未發之觀點在《薄伽梵歌》得到充分發揮之餘地，皆成了書中根本而重要的概念。顯然，《薄伽梵歌》對於《白騾奧義書》中種種有關宇宙生成以及人神關係之冥思，乃更進一步進行具體而詳細地加以陳述，並使之成為信奉運動之重要經典。《薄伽梵歌》最後一章有如下詩句：

> 阿周那啊！自在天居於一切眾生心中，
> 祂用幻術轉動登上旋轉機關之一切眾生。
> 全心全意歸依於祂吧！透過祂的恩賜，阿周那啊！
> 你將獲得至高的寧靜，永恆的居所。[21]（18: 61-2）

如前所述，自在天不再隱身幕後，而是親自下凡，跟眾生大談生死輪迴及解脫之道的上師，祂並大顯其身，讓信眾親臨不可思議之宇宙大祕密。而眾生若能了悟自在天為轉動宇宙的大有能者，時時刻刻念著祂的存在，便能與其合而為一。再者，歸依自在天看來要比佛教的歸依更為簡單與直接，因為若能深信不疑，尋求自在天庇護者即為其信眾，而這基本上是一種廣開大門、來者不拒之態度。如此一來，信者與自在天發展出極為開放的互動關係，更開啟了印度宗教的新境界。而自在天對於眾生的眷顧也是不分彼此的：

> 任何信者懷著信仰，想要禮拜那個形體，
> 我都成全他們保持自己不動搖的信仰。
> 他們專注信仰，努力加以侍奉，
> 因而得其所欲，但這是經我而告確立。
> 這些缺乏智慧的人，所獲得的果報有限，
> 獻祭諸神者走向諸神，但唯有信我者走向我。[22]
> （7: 21-23；參閱 9: 23-25）

信仰各種天神，祈願獲得種種現世利益，應為人之常情；然而，唯有自在天才是帶領眾生走向解脫的不二之神，應為信者之終極託付所在。吠陀時代的萬神殿於此依舊存在，但這些天神（*devās*）即使其形體依舊，亦能接受眾生獻祭，然其時代任務已經結束，天命不再，而無以為繼。只有新出世、獨一無二的自在天，接收了舊時代的萬神殿，以其不可思議的全能神威以及超越一切無所不在之身分，成為眾生的託付所在。其與信者之間的關係極為全面。是故，唯有自在天方能解救眾生之苦，成為人間唯一救度者：

> 若知道我是不生和無始之世界大自在天，
> 則在人世間便不迷惑，脫離一切罪惡。[23]（10: 3）
> 心念入於我，永遠專注我，禮敬我，
> 具足最高信仰；他們被我視為最高專念者。（12: 2）

信仰或信心（*śraddhā, śraddhāvat*）一詞大量出現於《薄伽梵歌》，成為新時代宗教運動的指標性概念。不過，*śraddhā* 一詞在初期奧義書裡面已經出現，然其意涵不一，亦非為指標性的觀念。而由《廣林奧義書》看來，*śraddhā* 跟心（*hṛdaya*）與意念（*manas*）做為有關之活動：

> 「祭祀立足於何？」「答謝。」「答謝立足於何？」「信心。正因為有信心而來答謝。答謝的確立足於信心。」「信心立足於何？」「心。因為是依靠心而知。信心的確立足於心。」[24]（BĀU 3, 9: 21）

> 欲望，意向，懷疑，信心，無信心，恆心，無恆心，羞愧，思考，恐懼，這一切都是意念。[25]（BĀU 1, 5: 3）

從以上引文看來，初期奧義書時代的 *raddhā* 是一種互相依賴與信賴的關係。而這可由行祭祀與答謝禮之間的關係看出。所謂答謝或答謝禮（*dakṣiṇā*）是指祭祀之發願者（*yajamāna*，施主），也就是祭祀費用之支付者，其對於施行祭祀的祭司所付之酬勞。不過，施主與祭司之關係，在此以信心加以概括，顯然是一種涉及宗教行為上之人際互動關係，但並非是對人神之間關係之描述。[26] 不過在此提及的信心的確涉及人在心靈意識上之作為。[27]

然就《薄伽梵歌》而言，*śraddhā* 所涉及的是宗教人的本質問題。這個問題已非信心本身所能涵蓋，而是更近一步對於神靈世界的信仰問題。首先，宗教人的本質就是對於超自然的信仰，所以不管是祭拜先人還是天神，對於宗教人而言，都是極為基本的表現，也是人存在意義（*sattva*）之所在。祭祀活動在《薄伽梵歌》當中被列為最為基本的信仰，但已非前面奧義書所見祭司與施主之互動關係，而跟世間眾生之生命本質有著莫大的關係：

> 所有一切人的信仰，都相應於一己之本質；婆羅多啊！
> 每個人皆由信仰造成，信仰什麼，他就是什麼。
> 善性者祭祀天神，憂性者祭祀葯叉和羅剎，
> 而其他暗性者，祭祀亡靈和鬼神。[28]（17: 3-4）

這種信仰是個人在世間對於超自然力量之臣服，因人格特質上的差異而導向對不同鬼神之祭拜，並未能讓人獲得真正解脫。另外一種信仰是信者跟大自在之間的關係，在《薄伽梵歌》裡面則以阿周那跟黑天為例來加鋪陳。這是一種信任與託付的對話關係，信仰於此是指那些能好好聆聽自在天教誨，以消除心中諸般疑惑，從而獲得生命再出發動力之心靈。在《薄伽梵歌》接近最後的章節裡，黑天跟阿周那如是說：

> 懷抱信仰而不發惡言，這樣的人，只要願意聆聽
> 便能獲得解脫，安抵修福業者之清淨世界。[29]
> （18: 71；參閱 14: 26）

在此，信仰除了要有信心之外，還要有智慧或知見（*jñāna*）加以配合。而就印度宗教而言，智慧是認識到人有限本質而想來獲得解脫之努力。這種努力有賴智者之教誨來加以成全。智慧在此與愚痴（*moha*）成對比，人一旦在心靈上的無知便會讓一己陷於輪迴當中，因而尋覓不著解脫之道。自在天以蒼生為念，教導阿周那自我（*ātman*）跟眾生無法分開，而自在天為信者最後依歸之智者，因此自在天成了以救度眾生為職志之菩薩，隨時引領信眾，也為芸芸眾生開啟智慧與信心之門：

> 智慧的祭祀勝於物質的祭祀；困敵者啊！
> 所有一切行動，全在智慧中完成。阿周那啊！
> 要知道，透過順從、請問和侍奉，
> 洞察本質的智者將把智慧傳授給你。
> 知道了這一切，般度之子啊！你就不會再陷入愚癡。
> 就會見到眾生全部都在自我當中，在我裡面。[30]
> （4: 33-35；參閱 5: 15-17）

化身為智者的自在黑天，幫猶豫不決、遲遲無法做出決定的阿周那上了堂重要的生命課程，讓他了解到如何善盡世間職責，而將一切結果交給自在天之深長意義。雖然黑天為宇宙生滅之終極源頭，但其跟信者之間既形同師生，亦情同朋友（4: 3）。神人之間相得益彰之關係，成就了印度宗教史上最為重要的一段信仰對話，同時使《薄伽梵歌》成為千秋不朽的語錄。

結語

印度正統宗教思想的身體觀之變遷，可以清楚地從初期奧義書到中期的《白騾奧義書》中見出。初期奧義書的梵我一如思想，以人的身體構成跟整個大宇宙的構成來做類比之冥想，點出了人與自然或宇宙合而為一的理想，人的身體於是做為神聖小宇宙，有其莊嚴而不可替代的存在意義。在《白騾奧義書》裡面，自在天的身體自成一個新的神聖宇宙，取代了梵的世界。而跟永恆不變之梵不一樣的是，自在天的身體是千變萬幻，超越二元對立與宇宙生滅之卓絕與不朽化身。在此，自在天成了唯一之神，是眾生的最後依歸，信眾的永恆庇護，此一神觀開啟了印度宗教新的救度意義，而與此相關的自在天身體隱喻成了重要的指標。《白騾奧義書》以《梨俱吠陀》的原人的巨靈形象為出發點，巧妙地穿插援用《梨俱吠陀》有關獨一者之種種典故，讓新的至高無上者師出有名，新出世的宇宙統治者取得了聖典的授權，成了無可匹敵的全能神祇。

而在《薄伽梵歌》裡面，自在天下凡人間，變成智慧化身的車夫，並以充滿睿智之言語教導眾生如何走出生命困局，讓信者找到值得托付之終極存者。從《白騾奧義書》中對於自在天之各方冥想、探索——於此時新的最高主宰呼之欲出——到《薄伽梵歌》裡面黑天對於阿周那之諄諄善誘，且將自身示顯其信眾，可以看出自在天已走入人間，成為新時代的教主。印度教此時此刻正在茁壯成長當中。

信奉運動之出現改變了初期奧義書中對於梵我一如冥想之婆羅門菁英的思想風貌，心懷淨信的專心凝想至高存有的行動，取代了對於追求宇宙真理所採行之尊奉態度。信眾對於自在天信奉之虔誠歸依，取代了哲學家對於宇宙奧義（upaniṣad）之不斷追求，自在天取代了哲學家，成為要加以親近、供養之至高上師，至此印度教的整裝出發，即立基於此一新神觀，並邁開大步開拓其宗教與思想版圖。

第五章

菩薩與救度

從觀自在之身看佛教與印度教之互動*

引言

在整個佛教的思想世界裡，觀自在（*Avalokiteśvara*）是一個跨越部派與地域的共同信仰，就其信仰範圍而言，觀自在不但在南亞的印度、尼泊爾和上座部之斯里蘭卡及古代東南亞占有一席之地，更在大乘佛教的西藏、越南及東亞等地區成為最具代表性的菩薩信仰，可說是佛教文化圈裡面，除了佛陀之外，最具指標性的信仰對象。[1]

有關觀自在的信仰，常被提到的問題有：為何對其信仰膜拜（cult）會如此的普遍、深入而全面？其信眾不僅包括販夫走卒、王公貴族，甚至出家僧眾也趨之若鶩，競相供養。觀自在所憑恃之身分為何，為什麼有這麼大的本事可以來聞聲救苦，解救眾生？還有，觀自在是男是女，菩薩是人是神？這些問題彼此相關，為了解其身分的重要線索。

1

在探討觀自在的相關問題之前，吾人還是要回到觀自在的名號（*nāmadheya*）上，對於其名號之理解，有助於吾人對其身分的理解。事實上，在受當佛教文化影響的世界裡面，除了漢傳佛教之外，均將這位菩薩的名字理解為觀自在或世間自在（*lokeśvara*），並沒有將之理解為觀音（*Avalokitasvara*）的例子。在漢傳佛教自鳩摩羅什將〈普門品〉裡面的菩薩譯為觀世音，而其譯作廣為流傳以來，一直為東亞佛教圈所沿用。首次對此名稱提出異議者則是七世紀到印度親歷佛蹟的玄奘。他在《大唐西域記》談到烏仗那國（*Udyāna*）的佛教地圖時，提出如下見解：

> 石窣堵波西渡大河三四十里，至一精舍，中有阿縛盧枳低濕伐羅菩薩像（唐言觀自在。合字連聲，梵語如上；分文散音，即阿縛盧枳多譯曰觀，伊濕伐羅譯曰自在。舊譯為光世音，或云觀世音，或觀世自在，皆訛謬也。）威靈潛被，神跡昭明，法俗相趨，供養無替。（T 51: 883b）

觀自在的信仰顯然在七世紀的印度相當普遍，從《大唐西域記》裡面曾多次提到可以證之。於此，玄奘以專業的梵語素養，對翻譯「觀自在」的相關問題提出個人見解，並對其信仰方式提出說明。Avalokiteśvara 這個複合詞相當清楚地是由 avalokita 跟 īśvara 結合而成。avalokita 為觀，而 īśvara 為自在，所以譯為觀自在；

而因為連音或連聲（saṃdhi）的關係，avalokita + īśvara 變成 avalokiteśvara。事實上，ava-lokita 為一過去分詞，為所觀察或現見，觀見之意，假如把 Avalokiteśvara 視為限定複合詞（*tatpuruṣa*，依主釋）看待的話，則其意為「觀見之自在」（īśvara of the observed），[2]若看為同格限定複合詞（*karmadhāraya*，持業釋）的話，則為「觀見到的自在」（observed īśvara），意即現見之自在，也就是可以觀見到的自在天，眾生所見到之主的意思。這個意義假如以菩薩另一個常見的名號 *lokeśvara* 來加比較的話，將更為清楚，*Lokeśvara* 假如看成是限定複合詞的話，則為世界自在天，也就是世界之統治者的意思。以依主釋與持業釋來了解 Avalokiteśva，兩者之意涵不免有所差別，依主釋強調自在天觀照眾生之面向。而持業釋則強調信眾可以觀見之自在天，兩者之間在意義上可相互補足，指向信眾與神祇之間可以相互觀見之情況。[3]

以上可說是對於 Avalokiteśvara 這個名號的基本解釋，這裡面菩薩最主要之本領應來自跟自在天之間之關聯。假如觀自在不是一個自在天，為何可以直接對信眾之懇求回應？人間菩薩何以能有聞聲救苦，應身度化眾生的本領呢？又，假如不是世間自在主，觀自在如何能在西藏及東南亞等地成為王權之表徵呢？[4]事實上，Studholme 在其研究《佛說大聖莊嚴寶王經》（*Kāraṇḍavyūha Sūtra*）及六字大明咒（*oṃ maṇipadme hūṃ*）源起的書中，就把觀自在稱為「佛教自在天」（"Buddhist īśvara," Studholme，2002：第三章）。[5]準此而言，吾人若不從此一角度來看觀自在背後所代表的重大而關鍵之連結的話，便無法理解其在亞洲佛教世界取得全面勝利之原因。

由此看來，觀自在不但有其宗教上面的意涵，政治上面的關聯亦不可忽視。聞聲救苦，救度苦難眾生是一回事，而做為政治意義上的世間自在主則是另外一件大事，因為有著宗教及政治上面的連結，才使得觀自在在王權及救度信仰上都有其極大發揮的空間。

在此或可提出一個相關問題：是不是因為在中國傳統中，儒家跟王權緊密結合的原故，因此並沒有給觀自在在政治上發揮的空間，所以觀自在在漢地僅做為救度上的信仰？是不是因為如此，所以慈悲（*karuṇā*）等菩薩人格特質所代表之象徵最終在漢地跟女性結合，成為眾多觀自在信仰文化中之特例？因為除了漢傳佛教之外，觀自在於其他佛教世界看來都以男相示眾。吾人在觀自在首度獨立出世的《妙法蓮華經．普門品》裡面乃見到下面有關觀自在如何現身說法普渡眾生的敘述：

> 應以長者、居士、宰官、婆羅門婦女身得度者，即現婦女身而為說法；應以童男、童女身得度者，即現童男、童女身而為說法。

如此看來，身分與性別之改變，對於聞聲救苦的觀自在而言都是輕而易舉之事，為什麼觀自在可任意變身呢？這也是本文要探討的重點之一。

2

從觀自在得以聲名大噪的〈普門品〉（*Samantamukha Parivarta*）之名稱看來，其出身跟濕婆之出世有著相當重要的關聯。*Samantamukha*（「面向周遍」）這個辭，事實上跟《白騾奧義書》裡面對於濕婆卓絕身分的描述所用之辭 *sarvatomukha*（「面向一切」）完全一樣。《白騾奧義書》裡面的相關敘述如下：

eṣa ha devaḥ pradiśo'nu sarvāḥ pūrvo hi jātaḥ sa u garbhe antaḥ / sa eva jātaḥ sa janisyamāṇaḥ pratyaṅ janāṃs tiṣṭhati sarvatomukhaḥ//

這位神遍及所有方向，既最先出生，又懷在胎中，
既是過去生，又是未來生；站向眾人，面向一切。（SU 2: 16）

以上偈頌想來表達出一個不受時空限制之神祇的圖像：既是已生，也是將生；是過去、也是未來；與信眾關係密切，又有大能力可以觀照所有眾生。如何關照眾生呢？《白騾奧義書》更提到到處（*sarvatas*）都有自在天之手、腳、眼、頭與臉（3: 16），這跟觀自在被形容為千手千眼應有著救度觀上之重大連結。總之，以上詩文描繪出超越二元對立與時空限制的存在者；是一個無時無刻不在，也無所不在之自在天。《妙華蓮華經》的作者借用「普門」（鳩摩羅什及竺法護之譯名）——更為確切的意義應為「面向周遍」——一詞來形容觀自在可隨時隨地救度苦難眾生

的豐富意象，自有其重大考量。然而，將 *Samantamukha* 譯成「普門」除了讓人看不出「面向」（*mukha*）[6]的意涵之外，也無法看出「周遍」（*samanta*）的意義，因而無法具體而豐富地見到一個佛教自在天隨處示顯之神威。看來，作者想透過觀自在面向周遍的意象，來歌頌這位新出世的佛教自在天所具有的不可思議而無所不在之自在神力（*vikurvaṇa, vikurvā*）。

再者，假如濕婆或毗濕奴做為自在天是印度教最具神威之神祇的話，則觀自在毫無疑問是大乘佛教中最具神變力的菩薩。雖然一方為印度教神祇，另一方為即將成佛的開悟生靈，雙方卻都有著遍知與遍在的本領，都能來解救眾生脫離苦難與輪迴，正因為如此，吾人在此可將雙方擺在一起加以比較。《妙法蓮華經》中，做為一有求必應的菩薩，觀自在事實上不僅為一大士（*mahāsattva*），同時也是一位不折不扣具有化身或應身（*nirmāṇakāya*）能力的神。〈普門品〉裡面對其自如化身能力有如下的一段敘述：

> 佛告……：「……若有國土眾生應以佛身得度者，觀世音菩薩即現佛身而為說法……應以梵王身得度者，即現梵王身而為說法；應以帝釋身得度者，即現帝釋身而為說法；應以自在天身得度者，即現自在天身而為說法；應以大自在天身得度者，即現大自在天身而為說法……。」[7]
>
> （鳩摩羅什譯，T 9: 57a-b）

由以上之敘述，可以看出觀自在菩薩不但為佛陀及佛教神祇之化身，更是印度教神祇之化身，可說是普世救主，而非僅為佛教菩薩。於此，吾人不但看到佛教與印度教之密切互動，更見到兩者之間的較勁。由菩薩也化身為印度教三大神祇看來，觀自在不但救度佛教信眾，更有能力且有意願伸出援手，度化印度教徒。顯然，印度教徒亦是佛教爭取的潛在信眾，佛教與印度教之間的競爭已進入白熱化階段。然而，佛教在此借用了印度教的神觀來啟動菩薩救度觀，且觀自在千變萬幻的身體顯示菩薩之能耐形同自在天。而自在天做為創世者，有著魔法師般的巧藝，神奇地造出整個世界之景象已見之於《白騾奧義書》：

> 讚歌、祭祀、供牲、禁戒、過去、未來及諸吠陀所言者，
> 由此具幻化者創造這整個世界，其他則被幻化拘於其中。
> 應知幻化是原出物質，具幻化者是大自在天；
> 而所有整個世界為其身體各部所遍布。[8]（SU 4: 9-10）

於此，大自在的身體取代了梵的世界，成為新的宇宙構成原則，由神聖宗教符號及時間所源出的世界，乃是大自在之幻化成品，而原質所演變而成的人間，包括物質與生靈現象皆為自在天魔術般的傑作，也是自在天身體之部分。一切眾生看來皆為自在天的骨肉，兩者之間的連結更為緊密。

以千變萬幻般的神力來示顯眾生，連結眾生，顯然是自在天的本領之一。普世救度者能應信眾需求而變身乃是往世書常見主

題。在《那羅陀往世書》（*Narāda Purāṇa*）裡面，吾人見到如下對於普世救度者之敘述：

> 我歸依未生者。這位神祇，做為世界創造者乃現梵天之相，做為世界守護者乃現婆羅門及毗濕奴之相，其在劫盡世時，乃現樓陀羅身。之後乃〔現小孩相〕躺著舔其足根。[9]
>
> （1, 2.26）

> 信奉濕婆者，祂現濕婆本相，修習訶梨者，祂現毗濕奴像。一直以來，我僅求歸依於祂，祂所現之身跟先前之意想一致。[10]
>
> （1, 2.28）

自在天可隨信眾的信仰來自由顯身，「信奉濕婆者，現濕婆本相」（*śivasvarupī śivabhakti*）。普世救度者的思想啟動了印度教的信奉運動。而此一普世救度思想的出現勢必對於原先追求個人出世解脫而非眾生在世解脫的佛教產生極大的衝擊。相形之下，信仰或信心（*saddhā*）在初期佛教，是以佛陀為典範、僧眾為中心的出世思想。對於出離思想的信心或信仰，讓捨離者全心全意投入修行生活，行梵行，尋求終極之解脫：

> 諸比丘啊！聖聲聞者之信仰是信如來菩提。[11]

佛陀的出離與覺悟為僧眾立下了追求目標，僧眾對此深信不疑，因而在解脫上的道路上努力不懈，期盼能跟如來一樣，能有脫離生死輪迴輪的一天：

藉信仰渡過暴流，藉不放逸〔渡過〕大海，藉精進超越苦，
藉智慧得清淨。[12]

信仰為一種精神生活的根本力量，讓修行者可以克服清淨道上的重重障礙而直抵於成。配合其他梵行生活所需的種種努力（*kiriya*），包括時刻警醒與奮勉不懈的精神等，以及對於緣起理法之深刻領悟，終能讓信仰的力量變成終極解脫之實現。在《長老偈》中，吾人見到如下的詩句：

我因信心而捨離出家，正念與智慧增長，心已安住。
〔魔王！〕請隨意變相吧，你絕無法困住我。[13]

以上的偈頌，透露出捨離出家對於信仰佛陀的重大意義。而只有心意堅決的出家眾，才能不受修行心魔（*Māra*）的引誘與干擾，克服世間生活的種種誘惑，在修行道路上勇往前進。對捨離者而言，居無定所的出家生活遠遠優於有家累牽絆的日子。而圓滿實踐梵行所獲致之成就，更是世俗家居生活所不能企及（DN 1: 61-86; MN 2: 179-205）。然而，這是一項艱辛的挑戰。信仰與信心不但考驗捨離者個人決心與智慧，也跟佛教做為出世修行傳統所存在的根本意義有著密切關聯。

而在信奉思想裡，信者歸依自在，尋求庇護以求脫離當前苦難。自在之前，沒有僧俗之別，沒有貴賤之分，更無教門宗派之別，眾生完全平等。此一信仰自然吸引眾多信眾加入，因為自在

不但法力無邊，更可隨時隨地示顯濟眾。而信眾不必透過修行，只要心向自在，即可獲得現世解脫。面對此一新而來勢洶洶的信仰形態，勢必對以佛、法、僧為中心的出世信仰產生衝擊。佛教為了吸引信眾之故，乃得全力應對此一新局面。由觀自在信仰的出現，可以見到佛教最終也不得不將自在天思想與信仰加以吸納，以菩薩之名再出發。所以，不管是梵天，自在天還是大自在天等印度教神祇，都被併入新的佛教救度萬神殿裡面，成為菩薩普世救度思想的部分。看來，觀自在雖然是菩薩名，事實上不啻為自在天，也是大自在化身，有著變幻自如的身體，更能以大慈悲及大神力來回應廣大信眾的懇切哀求。

以此相較，《本生經》（*Jātaka*）裡面的菩薩（*bodhisatta*）為佛的前身，持戒累世修行，以慈悲行善，援救不同生靈為要，其所念茲在茲乃是個人之解脫，菩薩或大士於此乃一心一意為了完成此一目標而終生努力。然而，大乘佛典裡的菩薩在修行願景上有了甚大改變。菩薩並不把個人解脫做為終極努力目標，而是想在世修行，關照眾生，拯救整個世界，以救人濟世為主的菩薩並不滿足於個人在修行的成就。由兩者之間的差別，可以看出初期佛教與大乘佛典裡的菩薩是在不同思想背景下的產物。初期佛教的菩薩強調個人慈悲修行的重要性，跟阿羅漢自我完成的理想極有關聯。大乘佛典裡的菩薩則顯然具有神變能力的救世主，其在佛教普世救度論（soteriology）上具有新而重大之意義。特別是觀自在，不但慈悲更有神威，因而發願拯救於人間和地獄受苦的生靈及鬼魂，並且有其示顯，成了信眾膜拜的對象，但初期佛教的菩薩純粹為個人修行理想標竿，尚未有對其解救之權能深信不疑之信眾。[14]

3

將自在天或大自在思想加以吸納，對於佛教而言一件值得大書特書的事，因其等於宣告了大乘佛教新的轉向。顯然，佛教得嚴肅地來看待印度教之興起與成長之事。具體言之，此時的印度教已非佛教之前的婆羅門精英信仰，而是有其普世救度信仰並深入社會的宗教，而觀自在思想的出現也讓佛教的救度觀有了不同的風貌。菩薩隨時待命救度眾生，而眾生可直接歸依菩薩，佛教新的通俗化運動於焉產生。原先對於僧眾與在家眾之間關係強調的佛教有了極大的改變。僧眾在信仰中所占有的突出地位自此明顯減弱，因為對於菩薩的敬信與供養蔚為風潮，甚至僧眾本身亦為菩薩之信眾。菩薩跟信者之間的關係成為具有主導地位之信仰型態。而對於觀自在這位菩薩的信仰，乃成了此一新宗教運動最具代表意義的展現方式之一。Basham 在討論大乘佛教菩薩思想的興起時，即提出如下的看法：

> 另有一個促成此一〔菩薩〕教義發展的因素應為印度本身一般宗教、政治與社會風潮。大乘佛教神觀的產生跟印度教新神觀——特別是在《白騾奧義書》與《薄伽梵歌》所見到的

> 情形——之成長同步進行。一般認為上述兩部經典在時間上相隔甚遠，但吾人認為此一觀點不太能站得住腳。當然，《薄伽梵歌》要比《白騾奧義書》來得繁複些，但除了像權化（avatāra）之神學教理及無私作為的倫理教義為《梵歌》所特有之外，兩部經典的音訊大致相同，也就是對於一位人格神的信奉，不管是毗濕奴還是濕婆。經典乃為日益增長的信念之證，……宇宙的終極根本所在為一人格神，祂對所有被創造者關愛，而被創造者則以深刻感愛和信奉加以回應。（Basham, 1981: 44-45）[15]

Basham 所作的觀察相當切題。正如初期佛教跟當時整個沙門運動無法分開一樣，大乘佛教所代表的佛教在宗教上的轉向也無法跟當時的宗教風潮切割。印度教，特別是席捲其時宗教風雲的信奉思想，一定給予了佛教新而強烈的衝擊。原先以出世為宗教定向的佛教，對於其時這股風行的強大的宗教運動也不得不做出妥協，而在最後做了相當決定性的入世轉變。在《妙法蓮華經》裡面，吾人見到如下對在觀自在神力（*prabhāva*）的相關敘述：

> 若復有人臨當被害，稱觀世音菩薩名者，彼所執刀杖尋段段壞，而得解脫。若三千大千國土滿中夜叉羅剎，欲來惱人，聞其稱觀世音菩薩名者，是諸惡鬼尚不能以惡眼視之，〔況復加害？〕設復有人，若有罪、若無罪，杻械、枷鎖檢繫其身，稱觀世音菩薩名者，皆悉斷壞，即得解脫。……觀世音菩薩摩訶薩威神之力巍巍如是。（鳩摩羅什譯，T 9: 56c）[16]

在此，觀自在做為普世救度者之神力是無與倫比的，其對於信者的哀號懇求，不管身分地位為何，即刻回應，當場施與援手，毫不怠慢。身陷危難但心意堅定的信眾，只要稱其名號，便能奇蹟式被加拯救，相當神奇。鳩摩羅什將 *ākrandaṃ kuryāt* 翻譯為「稱名」，但 *ākranda* 也有加以哀求之義，主要是人在緊急危難，幾近求度無門時的自然表現。這種對普世救世主唱名之歸依方式，對於佛教而言是一種前所未有之事。傳統上，要變成信眾，不管是信男（優婆塞，*upāsaka*）或信女（優婆夷，*upāsikā*），都得歸依佛、法、僧三寶（*ratanattaya*），並守相關禁戒；除外，信眾更有義務來為幫助僧團，提供物質上或精神上必要的支持。這種信仰型態在觀自在被正式被引進之後，有了根本上的改變。要成為信眾，只要直呼菩薩名，即刻被接納，而在緊急危難時更得到救助。對於一位信眾而言，這種歸依方式不但極其簡單與方便，更不必有委身上之承諾。誠然，任何人只要一心一意向著觀自在，便是其信眾，自能得到救度。此一對於觀自在歸依求助之誠心信仰，不啻印度教信奉思想的翻版。《那羅陀往世書》中即有如下敘述：

> 我要歸依那位根本神祇，祂照耀了名為「最勝」的一己居處。這位神祇，只要稱誦其名，象王便能從鱷魚兇惡的掌控中逃脫出來。[17]（1, 2.27）

於此，吾人見到印度教自在天的信眾不但包括世間人眾，也包括其他生靈在內。印度教自詡其自在天神通廣大以及信眾無際的情況堪稱令人讚絕。然而，救度海獸當然還是在自在天的本事之內，因其為普世救度者。而印度教跟佛教自在天在救度上較勁情形，亦可看出。跟觀自在信仰的情況一樣的是，只要稱其名，便可獲救。以上往世書救度思想可說是《薄伽梵歌》敬奉瑜伽（*Bhaktiyoga*）進一步的發展。吾人亦可拿黑天對阿周那所說的一段話與上述《妙法蓮華經》引文來相比較：

> 把一切行動託付於我，獻身於我，
> 專心一志地修習，冥思我，禮敬我。
> 一旦這些人的心念進到我，普利塔之子啊！
> 我很快成為他們脫離生死輪迴之海的救度者。[18]
>
> （BG 12: 6-7）

黑天成為拯救眾生脫離生死苦海之普世救度者（*samuddhartṛ*）。這是沙門宗教未曾出現之新救度思想。就初期佛教而言，脫離生活輪迴之事是不可能於俗世人間獲得的。唯有出離修行，方有脫出生死流轉之可能。然而，陷於生死輪迴當中的眾生如今只要將一切交給黑天，便能得到救度，這是何等神奇之事。此一入世救度觀將救度（*mukti*）之思想風貌完全加以改觀，因其將焦點放在對現世苦難眾生的拯救，沙門傳統之出世解脫思想被放在一旁，黑天的救度能力來自於其做為自在天之神威。

值得一提的是，對於信者阿周那而言，黑天即是自在天，也是原人。他以這些名號來稱此一至高無上，無限全能的神祇，極其渴望能親見到自在之示顯：

> 如此，至高自在啊！就像您所講述的自己那樣，
> 我想一睹您自在之相，至高原人啊！
>
> 如果您認為我可見你的色相，主啊！
> 瑜伽自在啊！那您就向我示顯不滅的自我吧。[19]
>
> （BG 11: 3-4）

對信眾而言，見到自在之身顯為最大心願。從上文可以看到信眾跟自在天在這上面之互動關係。唯有一心歸依者，方能見到自在天的形相；而虔誠且堅定的信者，最終一定可以見到神之聖顯。[20]在《薄伽梵歌》中以黑天和阿周那為範本來說明此一關係，阿周那是完全信服黑天之歸依弟子，黑天則是阿周那心中不二最高之主，也是整個宇宙的原由和顯示。黑天對阿周那之示顯（11: 9-13）也是宇宙之主對其信眾之承諾。黑天塑造了整個宇宙，為神中之主，也是整個生靈世界的源起化身：

> 請看……我的形相，成千上百，
> 種種樣子，種種形色，何其神聖。
>
> 請看眾阿提迭天、婆藪天、樓陀羅、雙馬童和摩錄多，
> 請看前所未見的種種神奇……。

> 現在，請看……整個動和不動者世界，其為我身體之一部分，以及其他你想看的東西。[21]（BG 11: 5-7）

黑天接著出借天眼（*divyam cakṣus*）給阿周那，讓他飽覽自在天更為不可思議之本相（11: 9-14）。其中提到：「這神祇具有一切神奇，無有窮盡，面向一切。」（*sarvāścaryamayaṃ devam anantaṃ viśvatomukhaḥ*, 11:11b）*viśvatomukha* 讓人想起 *sarvatomukha*（大自在）及 *samantamukha*（觀自在）等對於宇宙之主面向各方的普世救度景象。[22]基本上，黑天做為原人及自在天會讓人想起〈原人歌〉，在歌中首度出現的千首，千眼及千足以及不朽自在主（*amṛtatvasyéśāna*）等意象都將成為不朽，觀自在最後也成為其中的重要一員。

看來，〈原人歌〉最初種種創世相關圖象，在中世印度教史詩及往世書的創世神話裡面，依然有其無可取代之地位。在《梨俱吠陀》裡面，透過原人自我奉獻犧牲，新的階級社會乃得以被創造出。[23]階級社會創造之後，月亮從心意生出，太陽從眼中生出，接著，因陀羅及阿耆尼再從原人口中出生，風神也從氣息中生出，其他的宇宙秩序之示顯，虛空（*antárikṣa*）從肚臍中生出，而天空從頭部現出；大地從雙腿產生，而方位則從耳朵生出，在天地與四方被創造時，整個宇宙創造至此乃告一段。原人是太初之神，而其身體則是新宇宙之源頭。

4

千手千眼觀音可能是漢傳佛教裡面，最為人所熟知之觀自在形象之一（參閱 Yü, 2001: 270）。在《佛說大乘莊嚴寶王經》（*Kāraṇḍavyūha Sūtra*, T no. 1050）這部幾乎全為讚頌觀自在作為的佛典裡面，對於菩薩創造宇宙所具的威神功德（*guṇodbhāvanā*）則有如下之敘述：

> 時除蓋障白言：「世尊所聞觀自在菩薩摩訶薩，威神功德其事云何？」世尊告言：「觀自在菩薩，於其眼中而出日月，額中出大自在天，肩出梵王天，心出那羅延天，牙出大辯才天，口出風天。臍〔足？〕出地天，腹出水天，觀自在身出生如是諸天。」[24]（天息災譯，T 20 49c）

這幅創世開展圖跟原人歌裡面的宇宙生成無法分開，特別是身體部位與天體之形成或眾神生成之間的類比關係，可說是完全源於吠陀婆羅門原人思想。Studholme 稱此觀自在創世為佛教版的原人歌，而觀自在則成了原人（Studholme, 2002: 44），可謂恰如其分。特別要注意的是，上面宇宙配置圖將吠陀眾神和印度教三大自在天包攝於其中，這除了顯示出佛教完全接受了印度教的宇宙生成論述，也透露出佛教本身在有關宇宙生成論述上的闕如。事實上，初期佛教不但解構了奧義書的我與梵之間的聯結，更對其所代表的婆羅門宇宙觀加以擱置。在被稱為佛教創世紀的《長部．起世因本經》（*Aggañña Sutta, Dīgha Nikāya*）裡面，對於宇宙如何生成之事興趣不大，整個論述重點放在人類社會如何墮落一事，世間生活的無常讓出離成為終極價值之所在，正法成為佛教的中心原則，解脫或涅槃是出家者追求之目標。因為正法與解脫有其不可超越的位置，所以有關人在宇宙之定位已及人跟宇宙創造之間的關係於其中並無置喙之餘地，甚至將原先在吠陀時代充滿生機意象的世界（*loka*）轉為輪迴場域之世間，顯示出即使在欲界（*Kāmadhātu*）之天神也無法免除生死輪迴，而因緣相續之世界更不可能出現獨立於世界之外的自在天。

以佛教與印度教之思想互動觀之，自在天之出現，勢必得先預設有創造之主，這不但將整個佛教的緣起之宇宙觀加以推翻，更對與此相關的佛教解脫論造成根本衝擊。然而，雖然跟印度教版本稍有不同，佛教最終還是得推出其創世紀，方能容納救世主存在之空間。準此而言，佛教為了爭取信眾，最後乃向其對手取經。

因為創世紀跟創造者的救度無法分開，所以結合《梨俱吠陀》原人及《白騾奧義書》中自在天的新印度教創世紀，讓這位宇宙生成者成了一位最強而有力之救世主，在〈原人歌〉的自在主以自我獻身來拯救整個人類文明，讓新社會秩序得以推展，宇宙秩序得以形成；然而後來出現之自在天，不但復甦原人地位，更將宇宙創世之主的卓絕能力推上至高。自在天不但超越創造者與被創造者之間的二元對立，且獨立於宇宙演化的進程之外，成為最有能耐的世界之主，不管是濕婆還是毗濕奴，皆為自在天，也是原人，亦是救世之主。而印度教之《往世書》，不管為濕婆教派，還是毗濕奴教派，皆不乏極精心創作之創世隱喻，來敘述不可一世之大自在天種種神奇作為。就佛教而言，自在天之出世是經過長考之後的抉擇，事實上，佛教自在天自然有別於印度教詭譎多變的自在天（特別是濕婆）形相，然而救人濟世可說是自在天所被賦予的天生本領。就必須改變其救度論方能爭取更多信眾的佛教而言，此時的自在天可說是極度需要的救世主，因此觀自在之最後出現，可謂大乘佛教革命思想跨出重要一步的具體表現。Studholme 說：

> 將觀自在視為一位自在天，可能並非是完全不夠格之事。而佛教的自在天觀念畢竟代表著想要將基本上為有神論之教義（自在天觀念）吸納到原來基本上為非神論的宗教系統（佛教）。《佛說大乘莊嚴寶王經》將觀自在呈現為無所不在之原人，這得躡手躡腳地走於可能會被認為完全將菩薩敘述為創造之神之異端論。在這佛典版本的《原人歌》裡面，只有神，而非創造秩序本身從菩薩身體中發散出去。初看之下，日月出自觀自在之雙眼，然而梵語裡面的日月事實上是指吠陀之日神（*Āditya*）與月神（*Candra*）。（Studholme, 2002: 44）

誠如 Studholme 所說，雖然佛教要避免創世所引起的不必要麻煩，而將創世秩序包裝成觀自在之不同示顯。然而，無可避免的是，此一「造物神觀」，乃是初期佛教所加以批判之尊祐論或神為論（*issarakāraṇavāda*），因其跟佛教緣起說為相互不容，然而於此之觀自在的相關論述，卻完全援用其婆羅門對手的說法，顯示觀自在的出世跟整個新救度論無法分開，而其救度能力跟做為自在天之身分無法分開，事實上唯有自在天能救度眾生。[25]

值得一提的是，在以上對觀自在的創世稱頌之後，觀自在緊接著出現，當面告訴大自在天，他才是宇宙真正的大主宰，並對濕婆教派的創世教義提出批判：

> 時觀自在菩薩，告大自在天子言：「汝於未來末法世時，有情界中，而有眾生執著邪見，皆謂汝於無始已來為大主宰，而能出生一切有情。是時眾生失菩提道，愚癡迷惑作如是言：
>
> 此虛空大身　大地以為座
> 境界及有情　皆從是身出」[26]（天息災譯，T 20: 49c）

觀自在不但將印度教自在天的權能全部接手過來，自詡為生成一切之自在天，甚至踩過宗教界線，找上濕婆本人當面加以訓斥，稱靈根（*liṅga*，大身）為宇宙眾生所源之說，乃屬妖言惑眾，顯然其時的宗教發言權已轉到印度教，代表自在天之思想，特別是濕婆教派已深入民間。與印度教進入短兵相接的佛教明顯處於劣勢，濕婆教派的影響可說是無所不在，若按照 Studholme 的看法，《佛說大乘莊嚴寶王經》完成於四、五世紀之交的話

（Studholme, 2002: 13-15）則此時的大乘佛教在有關救度論上的論述愈來愈倚賴印度教，甚至直接援用印度教的論說，特別是往世書神觀之相關敘述對於的大乘佛教的自在天想有著甚大的影響（Studholme, 2002: 19-35）。總之，印度教的神觀救度思想徹底地改變了佛教的傳統信仰風貌。Studholme 說：

> 觀自在改變濕婆信仰為《佛說大乘莊嚴寶王經》的特色之一……帶有如下意涵：透過對濕婆及其權力加以馴服，菩薩便能夠擁有神的特點。將一些不同的，小神的人格吸收成為單一大神，其過程見之於佛教及非佛教的文本……在擊敗濕婆教派的自在天後，觀自在乃有辦法來顯示其為佛教的自在天。（Studholme, 2002: 52）

顯而易見的是，佛教自在天的出現是與印度教交手的結局。這個結局可能也是初期佛教始料未及之事。初期佛教，原先在《梨俱吠陀》裡面的創造新天新地的眾生之主因陀羅變成帝釋天（Sakka），雖然他還是眾神之王（*sakko devānam indo*），但因沙門出世修行思想風潮影響所及，此時的帝釋天而非已非昔日叱吒風雲的創世之王，而是一位神界代表的信眾，其地位遠不如捨貪嗔、離無明、諸漏已盡、梵行已立，不受後有的的阿羅漢。在《長部・帝釋所問經》（*Sakkapañha, Dīgha Nikāya*），帝釋天之地位僅止於須陀洹（*sotāpanna*），而在《相應部・帝釋相應》（*Sakkasaṃyutta, Saṃyutta Nikāya*）裡面，帝釋為一守七戒，頂禮僧眾的在家眾模範。可見初期佛教中的天神已完全失去神威。在出世思想的主導下，眾神基本上已被馴服，成為禮敬三寶、護持教法的信者。

而眾神所居的天界（*devaloka*）也是整個世界（*loka*）的一部分，也是輪迴世界的部分，事實上，世界或世間不但包括了人間，也包括天神惡魔及梵天等世界，而眾生（*pajā*）則包括天人之眾，因此世間及眾生皆為苦之隱喻。所以，出離的智慧對於解救世間及眾生有著無比的重要性：

> 諸比丘啊！我於此四聖諦，以如此三轉十二行，若如實知見未極清淨，諸比丘啊！則我不於天、魔、梵天之世界，沙門、婆羅門、天、人之眾稱無上正等覺、現等覺。[27]

佛陀以世間了知者（*lokavidū*）的身分，深刻掌握苦集滅道等出世智慧，乃向世間眾生宣說離苦解脫的真理，其中的四聖諦真理代表著唯有捨離眾生世界，方有解脫的可能，佛陀於此等於宣告一個出離世間潛心修習紀元的來臨。

然而，菩薩思想的興起則完全將初期佛教的世界觀與修行觀加以改變，這種改變對於佛教的影響相當深遠，原先為解脫、為出離所設定的出世之世界觀已經有了根本的改變。菩薩深入世間聞聲救苦、而非追求個人出世解脫的景象，不但將入世與出世對立的局面打破，也將世間所代表的意義重新加以界定。世間之苦難並不需要出離才能得到救度，而是需要一個現世救度者及時來加救援。解脫的意涵在也有了眾大改變：拯救世間眾生取代出世修行解脫，菩薩為眾生承擔苦難的景象，跟出離所需的如實知見沒有直接關聯。如此一來，眾生及世間之苦的象徵也跟著轉變。理想的佛教人格的不再是從苦中解脫，而是要承擔眾生之苦，世間不再為捨離對象，而是要來實踐救度生活之處。至此，充滿慈悲與智慧的菩薩取代遠離貪嗔癡的阿羅漢，成為新時代的修行典範，這是佛教在宗教生活上的一大轉變，做為自在天的觀自在變成新的佛教理想人格，並以此為中心而發展出新的歸依意義，世間對於觀自在而言有著無比的眾要性，是完成自我的唯一場域。在此一意義下，觀自在放棄成佛機會，而變為人間的救世之主。

結語

初期佛教將身體視為無常、不淨之化身。修行之僧眾必須對身體嚴加守護，以免因貪著於感官世界，生活放逸、無法精進來完成梵行生涯，特別是女性的身體與容顏，因為變化顯著，成為身體無常的最佳例證，而代表初期佛教觀照身體之四念處成為守護身體的重要思想表徵。出家眾得隨時隨地保持警醒狀態，讓身體變成修行城堡，修行之心魔盜賊無潛入之機會，修行者得透過對身體觀想之修習，方能讓捨離與離貪之出世思想落實，而解脫之門得以開啟。

到了大乘佛教，身體之意象有了根本上的改變，代表大乘佛教理想人格的菩薩則在這方面做了見證，菩薩的身體成了應身或化身，能顯現不同之身來度化眾生，擁有自在天身體的觀自在，更能變幻自如以解救眾生，身體不再為修行之負擔，而且濟世所必須擁有之利器。神通廣大的身體代表著身體在救度意義上的一種不可或缺性及完全可塑性，為救度者所必備，而救度者跟眾生之間的互信關聯，也讓受苦的身體在解脫意義上也有了轉變，眾生不必為脫離苦海而出世修行，而可直接歸依自在天尋求及時救援。信者與救度者在人間建立起新的信仰世界，不但讓信者的身體有了託付的對象，也讓救度者之身有了隨時隨地發揮之餘地。新神觀的出現徹底改變初期佛教對於身體看法，也改變了性別與身體之間的關係。在菩薩的身上，性別乃成善巧方便法門之部分，可隨之轉換，這點在觀自在身上表現得至為清晰可見。

第六章

從沙門到行者

密續真言化身與聖化身體

> 內丹道的目標是透過獨特的自我修煉法，在體內創造真實或不朽之體，稱為「金丹」或「聖胎」。煉丹道士必須將自己的身體當作煉丹爐，在體內進行一連串複雜的煉丹術，因為人的身體是小宇宙，是大宇宙的縮影。（Yü, 2001: 462；于君方，2009 : 498-499）

引言

Padoux 在探討印度傳統中宇宙與身體的關係時，強調二種對於身體的基本態度以及身體與修行取向之間的關係：

> 印度人對於身體的態度看來一直有其雙重性。一方面，乃為有缺陷之身，是受苦及痛苦之因，不淨及受縛之源，既然如此，首先得加以統制，然後加以超越，而以棄世及苦行加以駕馭。然而身體因其結構及本質，以及跟宇宙之間所呈現之對應關係，也在修煉上被加以利用。身體有時也如同神明般地被稱頌，可為解脫之媒介而本身即為解脫之處所。（Padoux, 2002: 163）

這兩種態度事實上也反映了印度宗教史裡面基本的張力所在。正統婆羅門對於身體與宇宙之間的連結深信不疑，並以種種論述與來深化此一連結；而初期沙門傳統對此連結基本上持懷疑態度，且透過修行方式來加實踐。這兩股宗教勢力在初期印度宗教史上的較勁，促成有關身體各種不同隱喻的對話。

到了中世印度，印度教的復興也讓正統婆羅門的身體觀與宇宙觀重新流行，形成一股新的宗教潮流，並且逐漸成為主流思想。此一主流思潮除了表現在信奉神觀之救度思想外，也表現在打破出世與入世對立之密續的修行實踐上。信奉運動與密續修行將前此的沙門思想的信仰與實踐做了極大的修正，不但讓在此之前遭到解構的身體與宇宙關係得以重構，也讓沙門出世的宗教觀遭受挑戰。印度教新神觀與密續的修行方式徹底改變了此前的宗教信仰與實踐景觀。

1

談到中世印度宗教思想以及實踐之轉變，究其根底，跟詭論式的言說與實踐（praxis）之出現有著重大的關係。而詭論式之言說，之前在討論自在天所代表的創世意義時，已略加申論。其中最主要的論述之一為提出一個既內在又超越、不受二元對立思想限制的終極存有，此一終極存有之探討促成了新的神觀以及救度論的出現。信奉運動即建立在上述思想之上，形成一個波瀾壯闊的宗教風潮，並徹底改變了之前沙門文化的展現風貌。

就大乘佛教而言，觀自在的出現已經將入世與出世之間的區隔加以模糊化，甚至入世的觀照已明顯地將出世的精神包攝於其中。很明顯地，整個中世印度文化論述的特點之一為超越出世與入世的二元對立之詭論言說。這方面在大乘佛教的教義論述上亦表現的相當清楚。大乘思想所常見的詭論隱喻，比方說，煩惱即菩提，輪迴即解脫或生死即涅槃，成為此一時代思想潮流的見證。這種將初期佛教兩個相互對立，無法妥協的範疇加已超越或調停的逆說，充分顯示出此時入世與出世之間界限不再，而修行文化之丕變，亦由此可見。

事實上，詭論式的言說廣泛地出現於於大乘佛教的經典裡，成為最具挑戰性與指標性的論述。在著名的大乘經典《說無垢稱經》或《維摩詰所說經》（*Vimalakīrtinirdeśa*）〈方便品〉裡面，吾人讀到如下對居士（*gṛhāvāsa*）維摩詰日常所作所為之敘述：

> 雖為白衣，而具沙門威儀功德。雖處居家，不著三界。示有妻子，常修梵行。現有眷屬，常樂遠離。雖服寶飾，而以相好莊嚴其身。雖現受食，而以靜慮等至為味。雖同樂著博弈嬉戲，而實恆為成熟有情，〔常修不放逸〕。雖稟一切外道軌儀，而於佛法意樂不壞。雖明一切世間書論，而於內苑賞玩法樂。雖現一切邑會眾中，而恆為最說法上首。[1]（玄奘譯，T 14: 560b）

首先要提出的是，以在家眾之生活形態做為敘述對象，並以其言說做為教義論述中心，恐怕是初期佛教在宣說正法的方式上所完全沒辦法想像之事。初期佛教是以佛行（*Buddhācāra*）及佛言

（*Buddhavacana*）為論述中心的出世文化。出世文化所代表的意義是入世文化所無法企及之事。而在家生活，充其量只具有相對意義，不可能成為論述上面之主題。所以，在出世文化當道的時候，是不可能如上面引文中所見到的，將出世（P. *lokuttara* 或 *loka-uttara*，S. *lokottara*）與入世（P. *lokiya* 或 *lokika*，S. *laukika*）混為一談的。畢竟，尚未在解脫道上精進之在家眾，是無法有如實知見（*yathābhūta-ñāṇadassana*）的。出世與入世，出家與在家，兩者之間的區隔是涇渭分明，毫無模糊與妥協餘地。

所以，就初期佛教而言，在家生活遠遠不如出家修行日子，因為家居生活充滿塵垢與羈絆，唯有出離，方能了悟、脫離輪迴。（DN 1: 63）而如前所述，在家與出離是兩個相互對立，彼此無法相容的精神與生活世界。準此而言，在家居士是不可能有沙門威儀（*īryāpatha*），因為威儀跟沙門生活之坐、臥、行、住有著不可分離的關聯，而瓔珞裝嚴之身跟出家眾自然具威儀之相也是互不相容的。再者，居家生活本身即處於三界所形成之輪迴世間，是無法不雜染世間生活的塵埃。若欲修梵行，其先決條件即要遠離家累生活的喧囂日子。此外，享受飲食的生活跟潛心靜慮的日子也是完全不同的生命形態。而出入於異端思想者，又如何能一心向佛呢？就像一位善解世間及出世經論者，又何能獨樂於正法呢？一位習慣世俗戲論者，又如何能成為正襟危坐、善說正法的佼佼者？然而，這位居士可以成為言行的榜樣，不禁令人感到十分好奇。大乘佛教在思想論述上所做的根本改變，其意涵究竟為何？

在家生活不但可體現出家精神之論述，更優於出離生活乃是初期佛教不可能出現之事。而以一位居士來宣說教理，甚至可以跟號稱智慧第一的文殊菩薩侃侃而談大乘佛教義理，更是佛教興起之時所無法想像之事。若以初期佛教的觀點來看維摩詰，已經擁有妻眷屬，還「入諸婬舍與酒肆」，其本身已觸犯在家眾不邪淫的戒行，然其學行成就居然能超越阿羅漢與菩薩，看來極其不可思議；於是，整個佛教文化至此乃有了根本改變。

2

然而，大概也只有透過居士身分來陳述入世精神於出世生活上之可能性，方能不致動搖出世生活所象徵的神聖意義。假如是出家比丘講了上面之引言，所引起的軒然大波恐怕更無法想像，因為如此之自我否定等於宣布修行生活的全面棄守。上面所引的言說並沒有否定出世修行的重要性，而是將入世生活提高到修行生活一樣重要的地位，甚至認為入世生活即可代表一種更為寬廣而之修行方式。這也顯示出大乘佛教在修行法門上之重大改變：入世修行之人間菩薩的出現。[2] 菩薩思想之引進，將佛教原來的修行面貌做了重大改變。而由觀自在菩薩入世救度眾生到唯摩詰所說所為，整個詭論式的言說與實踐不但具體成形並且蔚為風潮。以上所引言說，具體而微地將超越二元論述的觀點表現得淋漓盡致，密續運動已經呼之欲出。

然而，密續之思想源頭應該不是來自以出世修行為本的初期沙門文化，因為這是一個將出世文化與入世文化全盤加以翻轉的宗教運動。佛教由沙門文化之出世轉到入世菩薩思想，應非是本身內部之自我調整，而是來自於整個時代宗教氛圍之競合所使然。這個宗教氛圍的啟動者應該是原先以家居生活重心的婆羅門。在與沙門文化競爭的過程中，婆羅門不但將沙門文化融入其中，成為兼具入世與出世思想的傳承，更發展出融入入世生活可以實踐出世理想之論述與實踐，來挑戰舊有的出世沙門文化。

以此觀之，是婆羅門思想的重新出發促成了密教之興起。而追本溯源，則密續之思想源頭亦來自《白騾奧義書》對於自在天之論述，可見此一奧義書在印度宗教思想史上承先啟後之重大意義，不但信奉運動由此開始，密續亦跟此一奧義書有著密切關聯。在此一奧義書裡面，濕婆為打破二元對立之不朽化身的自在天，而其具體表現，不但見之於其做為一個既內在又超越的創世詭論（paradox）上，亦見之於其在約定成俗範疇之外的角色扮演上。事實上，在此一奧義書裡面，吾人見到濕婆做為一切對立情況之調停者的一些奧祕詩句，跟密續思想之實踐精神有著密切關聯，比方說：

> 兩位未生之男，其一為知者，另一為無知者；其一為自在，另一為非自在；因為僅有一位未生之女應合享受者及享受對象。（1: 9ab）[3]

你〔樓陀羅〕是女人，你是男人，你是少男，或者也是少女。（4: 3ab）[4]

其一為未生之女，紅白黑色，生出很多同樣顏色之後代；未生之男躺在那裡，正在享樂；另一未生之男在享受過後，離開她。（4: 5）[5]

以上深奧難解詩句讓人想起濕婆做為「半女〔半男〕自在天」（*ardhanārīśvara*）的景象。而此一景象跟密續裡面濕婆及其神威（*Śakti*）之呈現有著直接關係。做為男相的濕婆，是原人及不朽自在主（*amṛtatvasyeśāna*）；而為女相之濕婆則是神威，也就是神聖動能之女性化身。這是宇宙開展的重要歷程，也是新宗教運動的重要宣言。特別是有關享受的相關字眼，包括享受者（*bhoktṛ*）、享受對象（*bhogyārtha*）、正在享樂（*juṣamāṇa*）及享受過後（*bhuktabhoga*）等字眼皆為密續之重要隱喻。雖然詩文言及之事極為含糊晦澀，但相關之圖像已呼之欲出。Zaehner 對以上相關詩文所做的觀察相當具有參考價值。他說：

其中一個以及另一個男人皆為濕婆，永遠在輪迴當中，卻永遠也不受其影響。祂是人靈魂的榜樣，包括其在遭到「羈絆」以及從中「解放」時。在祂身上，沒有人稱之分別，陽跟陰合而為一……做為女性，祂是神威，幻化與原質，承續了自然之創造力；而做為男性，祂是原人，不變之永恆精神。

（Zaehner, 1962: 82-83）

以上有關濕婆之論述相當重要，因其點出了密續在思想與實踐層面上的作為：超越二元對立的可能性不但見之思想論述，也可付之於宗教實踐。而濕婆做為密續行者（*yogin*）的原型（archetype）則印證了這個可能性，不管性別為何，皆為濕婆之化身，濕婆本身即為超越性別之自在，特別是其為原人與神威結合成一身的象徵，代表著一種新宗教實踐精神的出發，也就是打破沙門的二元對立修行觀，創造出更具動能的新融合宗教。

的確，密續之創始在印度和亞洲的宗教史上展開一個新階段，[6]密續做為中世紀印度的新時代精神，使得吾人得以窺見對宗教修行及行者能力（*pouvoir*）之重新界定。密教的思想重點已從苦行轉移到神威（參見 Padoux, 2002）。由於密續的出現，中世印度的宗教轉變異常醒目，可清楚見出。

審視印度密續二大重要源頭——印度教和佛教，可發現初期沙門文化在這一時期乃經歷了相當驚人之思想與修行翻轉。密續可謂是新的宗教實驗，錯綜複雜地結合兩項原本不能調和的元素：出世苦行與和世俗受享。為了獲得圓滿的證悟，密續修行者必須破除二元對立，而將兩個原本矛盾的理想加以結合，是一種前所未有的實驗，這種逆說可是中世紀印度在思想論述上的典範思潮。

明顯地，密續將早期的出世宗教理想與修行實踐放於一旁，存而不用。首先，在家與出家的區隔變得不清楚，這點在上一章討論有關大乘佛教的人間化取向時已略有論述。然而，密續將這種論述更往前推進，並且付之宗教實踐。原先典型的沙門思想不容許有世俗的享樂。然而，兩個相互矛盾的理念——苦行與色慾——的調停之具體表現銘刻於有關濕婆出現的神話。濕婆沒有摒棄肉體的慾望，但以完全的離欲來行肉慾以便體現真正的梵行。濕婆修持極為嚴苛的苦行，而同時也是惡名昭彰的情夫。（參見 Doniger, 1973）

事實上，密續聲稱超越苦行和愛慾之間的二元對立，正如 Padoux 所做之如下闡釋：

> 〔密續〕……想要將愛慾，依此一字詞真正的意義，來為解脫服務……不因為解脫而犧牲此世，而是從救度的觀點，以不同的方式，來將其〔愛慾〕復位。運用愛慾和世間的所有面向來獲得世俗享樂（bhukti）與種種現世成就（siddhis）以及在世的解脫（jīvanmukti）。這乃意味著密續行者對於宇宙所特有的態度：他感到融入於一個包含著一切大、小宇宙相互關聯的體系中。（Padoux, 1986: 273）

誠如 Padoux 上面所指出的，初期奧義書之大、小宇宙的相互關聯不但在密續中恢復其地位，並且有了更進一步的發展。大小宇宙之間的關聯在密續裡面變成自在天與密續行者之間的合而為一理想，密續行者想透過儀軌（*vidhi*）之修持來獲得自在天神力之加持，這與信奉運動中信者想透過自在天獲得救度之事可相比擬。[7] 再由信奉與密續在中世印度宗教思想之主導地位看來，自在天思想之出現對於印度宗教思想之影響可謂史無前例，印度宗教思想之重大轉變，亦可由此見知。

就如前述的宗教經驗而言，相較於沙門文化的解脫觀，密續行者之修行願景有了巨幅轉變。一如 Padoux 前面所提，愛慾（*kāma*）跟解脫（*mukti*）已從彼此對立到合而為一的改變，甚至世間享受亦變成修煉的部分。另外一個相關重點是：密續行者所尋求的並非是出世之修行，而是在世之解脫。這種解脫觀的改變，讓行者對於修行的願景跟著變動。簡略言之，密教行者的目標是獲得成就（*siddhi*，或者不如說是世間成就或現世利益），亦即成為成就者（*siddha*），因此密續修行事關瑜伽行者（*yogin*）或修法者（*sādhaka*）於「成就法」（*sādhana*，藉對本尊之觀想與真言之頌持等來獲得成就）上之修持（參閱森雅秀，2011：199-223）。[8]顯然，密續修行離不開「此世」（*loka*），此世不但恢復其在初期奧義書所具有之關鍵地位，更變成密續行者的修煉場域，而儀軌修持的重要性亦凸顯出其與婆羅門在家思想的關聯。再由以上 siddha 相關字眼看來，現世性所具有的神聖意義更是前所未有。這一切都跟之前沙門文化有著根本上的反差。值得注意的是，中世印度盛行密續之相關論說，而在印度文學中行者神力的主題屢屢出現，相當受到歡迎。對此，Kinsley 之相關說明值得一提：

> 印度教文學中常見故事裏的個人，泰半為妖精，因修苦行與禪坐以便能獲得特殊的能力，藉此希望得到權力、財富、女色或其他一些世俗享樂或報酬。在這些故事中，很明顯地，他們運用禪坐和苦行來達到自私、世俗的目的，而非吾人所想像的心靈目標。瑜伽經典說，人可以透過修習瑜伽來獲得

世間成就，但也警告不要沉迷於其中，因而扭曲心靈之追求。（Kinsley, 1997: 55-56）

以上所說的修行成救者也就是「持明者」（*vidyādhara*）的故事，的確是中世印度文學者常見之體裁。在十一世紀著名故事集《故事海》（*Kathāsaritsāgāra*）裡面，有關持明者之敘述俯首皆是。從在這些故事裡面，吾人可以見到印度教通俗文學對於習密續者能力之奇異幻想。持明咒者，一方面是指那些有神通力而能變換身體的神人之輩，能來去自如。另一方面，密續行者若能在修持上證得成就，也被稱之為持明者，因其完成修持而擁有常人所不見之特殊的持咒能力，能獲神通。在文學想像裡面，密續行者的成就堪比神人，可見中世印度社會對於密續修行之無限好奇與諸多憧憬幻想。[9]

3

如果比較沙門文化與密續對於身體的態度，則彼此之間的對比相當明顯。在前面第三章吾人已對初期佛教的身體觀做了探究。於此，不妨對要點重加申述，讓沙門身體與密續身體之間的差別可更為清楚地見出。一般而言，早期印度沙門傳統中，身體往往不清淨之象徵，是必須加以制御或禁戒（*saṃvara*）之對象，而苦行（*tapas*）之作用即是要清除身體所代表之不淨象徵，讓修行者得以踏上清淨之路，解脫之道也可以因而開啟。在這方面，耆那教即是一個最好的例子。苦行是耆那教棄世者必須全力以赴之事，期能在宗教戰場上對抗物質世界，而變成一個攻無不克世界的耆那勝者（*Jina*）。在此可以從早期耆那教經典裡面對於梵行生活中有關之苦行敘述，即可見出端倪：

> 對於〔肉體〕應嚴加抑制，折磨、及壓榨。棄絕吾人諸宿業，安住於寂滅，因之，一位勇者乃警醒，虛心、謹慎、忍耐、並時時克制。勇者之路難追隨，一旦步上無歸途。能降服血肉，其人乃稱為真聖勇者，堪稱尊位，安住於梵行而棄絕諸集。[10]（《合儀支分經》〔*Ācārāṅga-Sūtra*〕，1, 4, 4:1-2）

而就初期佛教來說，眼、耳、鼻、舌、識五根（*pañca-indriyāni*）是身體跟外界互動的門戶，必須加以守護，因為身體是慾望的源頭。同時，身體也是無常之具體化身，經歷生老病死的無常變化。大體上，初期佛教對於身體的態度即使不是完全負面的，也是冷眼旁觀、甚或譏諷式的，其例如下：

> 血膿既充滿，浸於糞坑中；身為漏水器，常流腐水液。[11]
> （Th v. 568）

身體不但充滿腐臭，且如同漏水的水壺般無法止流，以上所描繪之身體隱喻，直教人怵目驚心，馬上生出對身體的厭惡感。而初期佛教的身體觀跟其出世修行態度有關，對出家眾來說，身體乃是個人與此世聯結的具體象徵，身體象徵不清淨，因為極易腐朽，所以在解脫道上的修行者應精進過梵行生活，讓身體保持清醒狀態，專心於出離，方能避免除對身體所代表不清淨化身之執著。身體同時也象徵無常，於輪迴大海中流轉不已。因為身體總是在流變當中，由於渴愛（*taṇhā*）而成渴愛身（*taṇhākāya*）。由於渴愛導致強烈的附著之心，生起貪求享樂、更多欲求與其他世間煩惱，因而棄世者應修持對世間的出離心，如此可終止對於渴愛永不止息的附從，而為了修習遠離對世間的貪婪，首先就應該對身體、感官、意識和感官對象來修習正念，這就是所謂的四念處（*cattāro satipaṭṭhānā*），藉著正念之修習，家眾可以完全捨棄對世間的執著。事實上，「身至念」（*kāyagatāsati*）或「隨觀身」（*kāyānupassin*）等相關的觀想法是初期佛教禪修中培養正念的基礎之一。其重要法門如下：

> 復次，比丘觀身如身。比丘者，此身隨住，隨其好惡，從頭至足，觀見種種不淨充滿。我此身中有髮、髦、爪、齒、麤細薄膚、皮、肉、筋、骨、心、腎、肝、肺、大腸、小腸、脾、胃、摶糞、腦及腦根、淚、汗、涕、唾、膿、血、肪、髓、涎、膽、小便。猶如器盛若干種子，有目之士，悉見分明：謂稻、粟種、蔓菁、芥子。如是，比丘此身隨住，隨其好惡，從頭至足，觀見種種不淨充滿。
>
> （《中阿含．念處經》，T 1: 583b）

「充滿種種不淨之身」（*kāyaṃ pūrannānappakārassa asucino* MN 1: 57）一詞道出初期佛教對於身體的評價。比丘觀身即在留意身體裡面的種種生理構成，讓人對身體產生一定程度之距離甚至嫌惡，不再對此身加以留戀，而潛心修行。佛陀以生理學家的角度，來剖析身體部位結構，因而可在其中裡面看到諸多交疊而成的身體組合之圖像。然而，整幅圖像因為跟生理現象有著密切關聯，特別是分泌物及排泄物部分，常令人覺得汙穢、噁心。簡言之，身體這個血肉之軀，為多種元素和合而成的聚合體，必定會腐朽、敗壞無餘，而身體當中像頭髮等不淨之物，與時滋長部分，不斷地生出又崩落。最重要的是，這些身體組合注定要歸向生滅之法，是故修行者若要了解身體所代表的真實意義，則有必要深思身體所代表之無常性（aniccatā），以便能如實地來凝視身體之存在，保持不受身體生滅羈絆之生活態度。總之，了解身體會衰敗的性質後，出家眾無疑地將會把身體看作厭離的對象，絲毫不加愛著。這點對決心棄世的修行者而言相當重要，也讓棄世者能拋開對於此世生活之執著。

至於密續，其對於身體的態度則跟沙門修行態度完全不同，就密續修法者而言，為了體證更高的欲求目標，必須藉由受享來滿足五種感官。感官所代表的意義跟沙門傳承裡面對此之關照正好成對比：必須滿足感官，而非加以制抑。體驗由「享樂得解脫」（*bhuktimukti*）更高層次世界的大樂，成為密續行者的心靈之旅。事實上，承擔這個旅程被概念化為通過身體的拙火（*kuṇḍalinī*，肉體能量之升起）。[12] 此外，在所稱的「左道行」（*vāmācāra*，左道性力）的「五實性」（*pañcatattva*）或「五摩字」（*pañcamakāra*，五個字首為「M」）的根本儀軌中，有所謂神聖的樂享，裡面包括了在平常生活裡被禁止或加以鄙視的食物與活動：肉（*māṃsa*）、魚（*matsya*）、酒（*madya*），焦米（*mudrā*）和性交（*maithuna*）。屬密續中的左道傳承之家族教派（*Kaula*）的經典《大涅槃密續》（*Mahānirvāṇa Tantra*）對此五摩字有如下之論述：

> 酒、肉、魚、焦米與性交，可謂行神威供養等的五項構成實性。
> 若無此五項構成實性，則供養乃為驅邪作準備。而密續行者（*tāntrika*）將無法證得神通，步步皆有障礙。
> 如同播種於岩石上的穀物無法發芽一樣，無五實性的供養無果可生。[13]（MT 5: 22-24）

以上所述的根本儀軌，跟初期佛教所強調的梵行生活完全相左，可說是對沙門修行傳承的極大挑戰，也是對傳統清淨（*śuddhi, śuci*）與不清淨（*aśuddhi, aśuci*）概念的反轉，徹底地將原來沙門生活所追求的清淨解脫之道改頭換面。就食物與合宜之修行生活而言，這種激進而大膽的改變確實非常引人側目。事實上，對於食物及生活所持之態度，讓密續行者的世界觀裡面不但將身體回到初期奧義書饒富意義之小宇宙的地位，更認為身體之受享即是解脫。因此，吾人在密續中可發現身體依然是重要的解脫媒介，但早期苦修身的理想被加已翻轉，而被包攝於對更高密教解脫之追求裡面：

家族派行者應喝不當喝之飲物，應吃不當吃之食物，應行不當行之交合。家族自在天女啊！[14]（KT 9: 57）

這種該行不當行之活動，成為密續修持之指標。享樂（*bhoga*）是苦行之解藥，而瑜伽（yoga）——亦即修行解脫之理想，卻也未被同時揚棄，此乃因密教聲稱超越瑜伽和享樂之間的二元對立，將兩者置於可加調停之境地。吾人亦見如下相關論述：

瑜伽行者絕非享樂者，享樂者亦不知瑜伽，
此即家族派之教理，其精髓為享樂與瑜伽，此為其優於一切之因，吾愛！[15]（KT 2: 23）

在早期沙門文化的背景下，享樂與修行是區別家居與出離生活的重要指標，兩種生活是完全不可調停的，而守梵行之清淨生活是到達最終解脫的不二之道。在密續中，雖然解脫仍是終極目標，但享樂與戒行的嚴格區隔變得模糊，甚至合而為一，即身解脫變成終極理想。就宗教上的身分而言，在家者與出家者並非彼此對立，因此一位密續享樂者（*bhogin*），只要了解真正的解脫所在，就可以是位瑜伽行者，如下文所說：

享用酒、肉、女色而產生快樂，吾愛！
對知者而言，這是解脫，而對愚昧〔未灌頂〕者而言，則是罪惡。[16]（KT 9: 50）

吾人知道密續之修行者乃是經過灌頂（*abhiṣeka*，佛教）或淨身（*dikṣā*，印度教）才能獲有資格，而灌頂原為印度吠陀時代之國王加冕儀式（參閱森雅秀，2011：18-192），但在密續時代變成佛教真言宗入門儀軌。顯然，入門者受持此一儀禮，基本上除了有再生與淨化作用外，亦期能獲得像國王般的現世權能，由此亦可見儀式在密續中的重要性。[17] 而在此之世間受享意義的轉變主要跟密續修持之理想有關。密續行者之理想並非求來世之解脫，而是前面引文裡面 Padoux 所指出的，現世之解脫。密續行者自稱雖然享受現世種種快樂之歡愉，然而並不執著，所以享受並無礙修行。上文所述內容不免讓人想起維摩詰，只是在密續更進一步將世間歡愉直接連上解脫（mokṣa），完全沒有做任何辯解，可見印度教密續之基本立場，因而對於原先持出世修行的沙門思想所帶來的挑戰更大。

4

密續傳承對戒行修持之巨大改變，與上述對身體感官所持態度之改變有著密切關係。在沙門思想中身體為不淨或無常之化身，乃是須對肉身慾望之執著加以抑制之對象。相反地，在密續儀軌中，身體變為支撐神力的容器，密續行者的身體通常被視為其所供養本尊之身體，其身體經由儀軌化作神聖的宇宙，如此則可成為神的居所，而此一密續身體觀是對奧義書所代表的梵我一如世界更進一步之大膽實踐。初期奧義書之梵我一如，是一種冥想上之契合。而密續之神我合一則是透過觀想與儀軌來與自在天合而為一。此外，密續對於淨與不淨的看法與沙門文化有極大的差異。在密續的宇宙論中，淨與不淨這兩類範疇並非互不相容。淨域（*śuddhādhvan*）或不淨域（*aśuddhādhvan*）是由密教宇宙論層級中的實性（*tattvas*，宇宙的構成實性）所來構成，這些實性是吾人所生活的世界的基本宇宙顯現。在密續的宇宙論中，宇宙的粗元素（*bhūta*）可經由重新吸收的過程分解為細元素（*tanmātra*），因此身體做為宇宙的對應部分，可以經由密續儀軌加以淨化。Davis 說：

> 修法者以二項步驟去除身體的不淨。首先重新吸收細身（*sūkṣamaśarīra*）的所有實性，接著讓其粗身（*sthūlaśarīra*）的元素崩解並加以燒盡。這些過程導致深度的身體之淨空，留下隨後能充滿真言的白紙狀態之純淨心靈（tabula rasa）。
>
> （Davis, 1991: 52）

清空身體內的元素（*bhūtaśuddhi*）是密續中的重要修持。這個淨化身體的儀式產生出一種儀式化的身體，其不同於原本非儀式狀態的精血所成的血肉之軀。[18]因此密續身體成為得真言之助的神聖住所，而由於理想的密續行者是渴望獲得神通的現世成就者，因此密續身體被加聖化，使其適合施展神通。Flood 說身體的神聖化是密續儀軌的顯著特點之一。他認為：

> 密教修法中身體的神聖化是重點所在，經由此一過程，修法

> 者跟傳承中的諸神等同起來。透過施加或固定真言於身體來聖化身體，吾人乃見到身體以經典或傳承中所特有的方式來轉變。……施加於身體的真言和諸神是特定密續文本所獨有的，身體因而以經典獨特的方式形成。（Flood, 2006: 113）

為了完全神聖化，已灌頂的修法者必須遵循儀軌，讓身體成為適合本尊的顯現。通常這儀軌是由一些重要的儀則所構成，就印度教密續行者而言，每日修法中必須遵循的重要儀軌之一即是「真言化身」（*nyāsa*）。[19]真言化身主要是藉著對身體施加咒語等修持，使身體適合供養與修法的過程。在此一過程中，修法者透過種種相關真言與手印之施用，讓不同神祇住於身體各部分。事實上，真言化身將身體轉變為神聖的宇宙，就身體聖化的必要性而言，可說是密續最為基本的儀軌。在此以印度密續傳承中最具代表的濕婆教派為例：

> 施加真言是濕婆派最基本和最常見的儀式活動之一。修法者透過觸摸某一對象並唸誦真言，而真言乃施加於其上。在某些情況下，經典也指導修法者在施加真言時觀想（*bhāvanā*）相關的本尊形相。真言和本尊等同的力量灌注於對象，該對象因而轉變。（Davis, 1991: 47）

此一重要的儀軌往往配合不同的手印（*mudrā*）來進行。手印是密教儀式中所施行的手指姿勢，而手印與真言化身之間的重要關係可簡述如下：

做為一種手之姿勢，手印為修法者身體參與之基本組成部分，用來將應該完成真言化身的身體加以轉化，手印之動作可以說是以顯而易見的方式來加強並具體化真言之操作以及精神之集中。（Padoux, 1980: 80）

在真言化身的儀式中，修法者唸誦正確的真言，觸動神經中心，經由修法者的身體來將種種神威恰如其分地加以分布。這種藉真言來將聖化身體的作為，基本上跟初期奧義書有所不同，奧義書裡的梵我一如觀是一種思想與知識上的冥契，而真言化身的身體已經變成身體修持之宇宙，修法者想透過宗教實踐讓身體變成神聖場域，藉此獲得本尊力量的加持，而修法者同時碰觸從頭到腳的不同身體部位，以便象徵性地喚起拙火之力，同時觀想自己為擁有神聖威德（*guṇa*）的本尊。對此，《大涅槃密續》中說：

於是從頭到腳洗滌全身，讓他得以觀想新生的神身已形成。然後，將大地的黃色種子[20]觀想為坐落於海底輪，[21]讓他透過種子以堅定、不眨眼之凝視強化其身體。

將手放在他的心窩處，並唸出真言：
Oṃ, Hrīṃ, Kroṃ, Haṃsaḥ, So'haṃ

讓他因而將新的身體注入於天女之生命中。

尊母啊（*Ambikā*）！修法者在淨化身中的元素之後，應理解他與女天合而為一，他的心專注於本母真言化身（*Mātṛkā-nyāsa*）。[22]本母〔咒語〕的仙人（*Ṛṣi*）[23]是梵天，偈頌是識

> 野坦哩經咒（*Gāyatrī*），因此，本母[24]是統領之天女；子音是種子，母音是神威，止韻（*Visarga*）是結束。[25]大天女啊（*Mahādevī*）！在書寫真言化身（*Lipi-nyāsa*）〔或本母真言化身〕中，有必要講述伴隨儀軌所進行的對象。如此做完之後，應進行仙人真言化身（*Ṛṣi-nyāsa*）、手真言化身（*Kara-nyāsa*）與肢體真言化身（*Aṅga-nyāsa*）。[26]（MT 第五章 vs 103-108）

以上引文並提及各種不同的真言化身。如前所述，密教的修法中，施加真言到身體四肢是所有的真言化身所必行之事，以手真言化身（*kara-nyāsa* 或 *hastanyāsa*）為例，這儀軌乃將雙手轉化成神聖的器具，如 Davis 所加以解釋的：

> 修法者必須做兩件事來轉變他的手：首先淨化雙手，然後對其施加一連串強力的真言。透過雙手互搓以及唸誦「兵器」（*ASTRA*）真言來淨化他的手，……用此真言的猛烈形式燃燒至手腕處的所有不淨。……他接著用神威（*ŚAKTI*）真言來充實雙手。一旦淨化完成後，修法者者可以開始藉著施唸真言重建其雙手，讓其形同濕婆的工具。（Davis, 1991: 47）

手真言化身將修法者的手轉化成濕婆（*śivīkaraṇa*），或將神威注入於其手中（Davis，同前揭處）。而其他如仙人真言化身 或肢體真言化身也可達到類似效果。[27]此外，從梵語字源對應的角度來看，真言化身當然也有其重要世俗的關聯：

> 因其〔真言〕施於四肢，正當地獲得（*nyāyopārjita*）財寶，乃能保護一切（*sarvarakṣakarād*）。天女啊！此即所謂真言化身。（KT 17:56）[28]

就密續修法想來獲取現世成就之觀點而言，此一密續基本儀軌的重要性是無庸置疑的，因其能賦予修法者可比擬本尊的主宰性地位，無畏和具有超越非時死亡之護持力量：

> 身體淨化的修法者進行真言的施加。透過施加真言，修法者將同於眾神之神。行供養等儀式之後，一切儀式之權威乃誕生。如此做之後，他將無畏地立於滿是惡人之處。藉真言化身之助，修法者將會克服非時之死亡。[29]（JS 11:1-3）

綜上所述，真言化身透過真言和手印將身體神聖化，是重要的印度密續基本儀軌。這也是密續修法者獲得神力與完全證得究竟解脫的必要方法：

> 除了真言化身，別無其他方法能達到圓滿地融入本尊之特性（*Bhāva*）。真言化身的主要目的是先透過特定之真言化身來確立其本尊（*Iṣṭadevatā*），讓其成為全身各部分中不同的真言神力。接著藉由遍布全身（*Vyāpaka*）的真言化身來感受本尊——做為人不可分的實體，其本質是從頭至到腳的咒語——之出現。藉真言化身之助，修法者可以完成其所渴求的目標。由於有真言化身，成就者自在且無所畏懼，在天、人、阿修羅的世間不被征服。（Principles of Tantra, 2: 486-487）

由此看來，密續聖化身體之儀軌將身體的存有意義推到一個新的高峰。至此身體不但不是一個經常漏水的容器，而是可來接收受神力加持的不壞寶器，而身體所代表的小宇宙，在經過儀軌的聖化之後，不僅可跟神祇所代表的大宇宙互通有無，而且變成能具有跟神祇一樣的威力。初期佛教對於儀式所持的批判態度，是因為婆羅門儀式跟現世利益的關係極為密切，而出家修行者應當棄絕跟現世之聯結。密續則重拾婆羅門儀式至上思想，而將其轉化為行者修習之必要，甚至是主要部分。透過密續的身體觀，婆羅門不但復興了原來的儀式主義，並將身體的神聖性提高到一個前所未有的地位。森雅秀認為：

> 密教的特徵之一，即是對儀禮之重視。其所具有相當強烈神祕主義之實踐方法，經常透過儀禮來加以執行，或者編組成其中之一部分。曼荼羅、手印、真言等象徵性強之動作或設置，也在儀禮當中擔當相當多的機能。密教所具有之密儀性及象徵性，若放在儀禮之文脈來看，更能看出其中的意涵。
>
> 最初與婆羅門教祭祀主義對抗之佛教，是為了悟道。對此，個人以冥想或禪定方式來加以實踐，除此之外，對於集團式的儀禮或儀式採取否定之立場相當多。僧團當初所設立受戒儀禮之實行，主要的目的為排除不適格的比丘或比丘尼，形式化了的行為本身並沒有被賦予積極性意義。
>
> 與此相對，密教可以說經常與禮儀相連結。我國〔日本〕加持祈禱為密教所專有。以護摩來開始之各種修法從密教傳來

> 至今，都能綿延不斷的加以實踐。所以，儀禮或儀式總稱為「事項」，而代表教理或思想則被提到對等的「教相」位置，兩者被稱之為車之兩輪或鳥之兩翼。（森雅秀，2011：4-5）

從以上的論述可以看出密續對於佛教所帶來明顯而深刻的改變。從初期的出世「修行」生活轉變到密續的儀式化「修法」實踐，佛教對於婆羅門思想乃從排拒到接受。雖然所謂「教相」之教法思想部分仍然存在，然而只具有相對意義，而非原先通往解脫的唯一條件。就佛教而言，接受密續儀式化的身體觀，代表著對於婆羅門思想之妥協；佛教真言宗觀想本尊之思想，意味著初期出世之身體觀也必須跟著放棄。如此一來，不但初期佛教出世修行的方式遭到挑戰，原先所持不淨與無常之身體觀想也失去其關聯性。印度密續對於佛教出家修行思想與實踐之衝擊，不可謂不大。

結語：中世印度救度解脫思想與身體觀之改變

從初期佛教到中世印度對於身體與解脫之間的關係之理念與實踐，可見到其中激烈的轉變。這個顯著的變化清楚地標示出沙門文化與密續文化之間的明顯差異，自古以來印度在社會－宗教層面上即對代表著重要宇宙的身體加以思索與論辯。身體做為一重要宇宙是在梨俱吠陀時代形成，而初期奧義書時代被發揚光大，然而，佛陀及六師外道則對婆羅門身體觀大加解構，直到印度密續的論述與實踐中，身體的重要性再被恢復，而且有更上一層的進展，變成可以與神合而為一的地位，這種對身體之聖化情形乃是前所未有事，由此可見人的解脫與身體地位之重大體現及密續修持密不可分。

事實上，身體做為重要的宗教與社會隱喻有其在印度傳統中強烈的宇宙意涵。而宇宙被認為是有意義和有目的性的整體，或被看成為一瓦解和變化的現象。當宇宙實體被莊重肯定時，身體也被賦予神聖力量。而在宇宙變成為一個世間恆在變化的容器時，身體被轉成無常與不淨的象徵。在婆羅門印度教的傳統中，因為宇宙被認為是一個遍及一切的原則，所以身體被視為是自我之顯現。於初期佛教，由於世間僅為物質空間，失去超越性的內涵，所以身體退居成欲望與不淨的容器。於印度教或佛教密續中，吾人見到儀式化的身體成了大宇宙之複本，並在印度身體觀之聖戰上贏得最終勝利。

印度自古以來，做為完整小宇宙的身體總是帶著深刻的社會－宗教意涵。身體當然不是現代解剖學意義上的一個實體。從《梨俱吠陀》到密續，身體做為一強而有力之隱喻，不斷地被用來論述其與人之定位與終極解脫的必要關聯。初期佛教之身至念與印度教密續真言化身不只表現出兩種不同對於身體之觀想，也代表兩種證得究竟解脫的不同宗教實踐進路。然而，儘管二者之觀身的方式有極大之根本差異，但觀想或修習（*bhāvanā*）是這兩種宗教實踐之不可或缺要素。做為內心活動的觀想似乎在印度宗教傳統中具有很大的救度意義，觀想身體無常與不淨的身至念讓佛教出家眾以出離心來專注於內觀身體的無常與不淨。對於密續行者而言，通過觀想本尊住於自己的身體，最終能得所求之本尊威力。兩種觀想或修習方式不但代表著兩種不同的解脫觀，更象徵著兩種不同的身體觀與宇宙觀。

印度教密續在中世印度變成新的宗教修持之主流思想之後，儀軌之重要性與身體之神聖意義成了根本而核心的論述，原先強調修行思想與實踐的佛教不得不在這上面做出讓步，於此聖化之身體變成神之住所，讓身體之存在直接連結神祇之權能，使得密續修法觀凸顯出身體乃為無可取代的神聖空間，是吾人得加以善待而非冷落之對象。

就印度中世宗教的風潮而言，信奉思想所帶來的新信眾運動讓信者直接面對自在天尋求救度，新救度思想更促成了菩薩觀在大乘佛教的興起。自在天信仰思想之影響所及讓沙門出世解脫之為之一變，而密續運動所帶來的修法思想則改變了修行面貌，不但入世修行變得可能，甚至有取代出世修行的趨勢，此兩者皆為印度教所主導，顯見在中世印度宗教信仰與實踐世界中，印度教已逐漸成為主流。而佛教從初期到大乘再轉真言宗的發展，跟整個時代宗教精神之演變有著密切的關係。在這上面，代表婆羅門思想傳承之印度教成了最具關鍵性之催化劑。

第三部分

司法身體觀

第七章

真理與身體之試煉

論中世印度之神意裁判

引言

印度思想史上的身體觀，除了有其宗教社會上面的重要意涵之外，亦有政治上面的關聯，這方面的論述可見之於法論的作品，期提供吾人對另一個面向的身體之隱喻。這個篇章先從玄奘談起，透過他筆下對神意裁判（*divya*）的描述，連結法論作品來探討中世印度透過身體試煉與懲罰來做訟案判決的一些具體問題。

在探討印度中世神意裁判的內容之後，則進一步探討其所觸及的可能意涵，這一部分將透過比較研究來加以闡明。事實上，水與火之神意裁判（*judicium Dei*）亦見於中世紀歐洲（Bartlett, 1986），而吠陀時代所見到的火之神意裁判已在古代伊朗祆教社群廣為使用，這種情形並非偶然的巧合，基本上為存在於印歐社會背後對神意裁判的基本看法。而從中世紀歐洲跟印度在宗教社會上的一些共通性，讓吾人在這方面的考究更能掌握其背後的文化脈絡。

1

法國偉大印度學學者列維（Sylvain Lévi）在其有關尼泊爾的開創性大作《尼泊爾》（*Le Nepal*）裡面提到如下的一段話：

> 在唐代及明代史書裡所提到的尼泊爾可說是準確性的典範，反映了皇朝子民之實用才具型塑了東亞，跟西方的傳奇小說具有同樣的活力與運氣。朝聖者以及官吏的觀察報告補官方資料之不足。這些文獻資料在一千三百年間傳布，同時澄清了尼泊爾裡外的歷史。假如沒有玄奘明確之提示，則尼泊爾古代的年表仍會停留在幻想臆測之玩弄對象。（Lévi, 1986, 1: 150）

列維所論之事有其參照意義。的確，中國歷代史書提供了不少有關南亞歷史的相關記錄，因為在中世印度及尼泊爾，史書撰寫的傳統並不存在。[1]與此相對照，從小耳濡目染於歷史書寫傳統的法顯或玄奘等僧眾的朝聖記錄自有其參考價值。值得一提的是，玄奘等的佛國朝聖者兼具中土讀書人與佛教僧侶的身分。身為華夏讀書人，乃承續重視歷史書寫的傳統；而做為僧眾，則不免吸取了印度宗教中的神話敘述傳統。此一有趣結合則讓僧眾作品裡面常出現對於中世印度聖地所做的「歷史」敘述，玄奘的《大唐西域記》可為這方面的最佳範例。David Eckel 對於《大唐西域記》有如下的評價：

> 在玄奘於七世紀遊歷於印度各地城鄉取經並跟印度上師學習時，他乃學習以一位朝聖者的眼光來看印度風光。其旅遊紀錄所顯示出的地理誌標示著字面上及形上意義上的佛陀。看來每個城鎮都有其神龕，裡面供有舍利或佛像，並用講故事的方式將當地連結到釋迦摩尼——這個紀元的佛陀——生涯中所發生的某個事件。（Eckel, 1994: 51）

的確，玄奘所寫之七世紀印度宗教文化地理誌，有其特有展現風貌，值得吾人參考。而《大唐西域記》除了對其時之佛教現況以及對聖地作典故性連結敘述外，也提供了當時印度宗教發展的現況。事實上，玄奘雖對印度教語多保留，稱其寺廟為天祠（主要宗事大自在天），其修行者為塗灰外道，但其時之印度教盛況已大到讓他不能視而不見，所以他經常提到所見之天祠數目，偶而也提及耆那教（包括天衣派與白衣派）。看來，即使是從一個佛教朝聖僧眾的眼中看來，七世紀的印度佛教並非一枝獨秀，而是伽藍（佛教僧院）常與天祠同城並列，再加上耆那教不定時出現的局面。中世印度的宗教競爭之激烈情況，由此可見一二。[2]

值得一提的是，玄奘也對印度之經世文化，包括社會與政治等層面有所著墨，這或許跟《大唐西域記》為皇帝所授命而完成有關。他在書中第二卷從印度的地理與曆算談起，並論及風土人情與種姓制度。而在提及有關中世印度風俗與律法時，有著以下一段有關訟案審判之敘述：

> 夫其俗也，性雖狷急，志甚貞質，於財無苟得。於義有餘讓，懼冥運之罪，輕生事之業，詭譎不行，盟誓為信。政教尚質，風俗猶和。凶悖群小，時虧國憲，謀危君上，事跡彰明，則常幽囹圄，無所刑戮，任其生死，不齒人倫。犯傷禮義，悖逆忠孝，則劓鼻、截耳、斷手、刖足。或驅出國，或放荒裔。自餘咎犯，輸財贖罪。理獄占辭，不加刑朴，隨問款對，據事平科。拒違所犯，恥過飾非，欲究情實，事須案者，凡有四條：水、火、稱、毒。水則罪人與石，盛以連囊，沉之深流，校其真偽。人沈石浮則有犯，人浮石沉則無隱。火乃燒鐵，罪人踞上，復使足蹈，既遣掌案，又令舌舐，虛無所損，實有所傷。懦弱之人不堪炎熾，捧未開花，散之向焰，虛則花發，實則花焦。稱則人石平衡，輕重取驗，虛則人低石舉，實則石重人輕。毒則以一羖羊，剖其右髀。隨被訟人所食之分，雜諸毒藥置右髀中，實則毒發而死，虛則毒歇而穌。舉四條之例，防百非之路。（T 51: 877 b-c）

《大唐西域記》的這段有關水、火、稱、毒之司法審判敘敘，在法論（Dharmaśāstras）作品裡面被稱為「神意裁判」（*divya*），上面之相關敘述，不知是玄奘親身見證，或聽聞而來，對於中世印度司法審判有其重大參考意義，因為除了法論作者之外，玄奘可能是對所謂「神意裁判」最早做出紀錄的外國人士，其論述提供了中世印度司法審判的一個參考範例。[3]在下文當中，我將從法論相關作品來探查玄奘這段敘述之可靠性。

在對玄奘的敘述做檢視之前，吾人先來看在《歌者奧義書》裡面一段跟神意裁判之源起有直接相關的故事。故事所敘述的是立志於梵行的悉婆多蓋杜（*Śvetaketu*）在接受其父親再教育即將結束之前，所被教導有關真理的一段話：

> 吾兒，他們帶進手被綁住的人，嚷著說：「他偷了東西，他犯竊盜罪，替他準備燒燙的斧頭。」假如他真犯了罪，就是在說謊，以謊言來自圓其說，則手握斧頭者，會被燒焦，而遭到處決。假如他沒犯罪，就是在講實話，以真理來彰顯自己。則他手握斧頭，不會被燒傷，而獲得釋放。（6, 16: 1-2）[4]

由上面這段敘述可見，以火審來做司法判準之事於吠陀時代即已存在。[5]其所根據乃是：真理或說實話可讓人獲得自由。如此看來，神意裁判在印度由來已久，但一開始除了火審之外，其他方式的神意裁判是否存在則不得而知。得加注意的是，上面奧義書之敘述主要在彰顯真理的力量，而裡面所提到的火之神意裁判給人留下一個極為深刻的印象。透過此一鮮明之譬喻，跟奧義書所追求之梵我一如思想相結合，讓真理讓人獲得自由一事更為醒目。所以這一段敘述乃以其父親所諄諄告誡他的話語做為結束：

> 正如例中之人不被燒傷一樣，其乃形成整個世界之自我。其為真理，其為自我，這就是你，悉婆多蓋杜啊！（6, 16: 3）[6]

如同真理可使人獲得自由一樣，原本清白的人，即使面對嚴酷的火之試煉，也不會被燒傷，因為他就是真理的化身；而犯了罪的人，即使他存心抵賴，最後一定會被燒傷。以上《歌者奧義書》裡面有關真理與自由的論述可為神意裁判提供思想上的根據。

2

然而有關天意審判的記載，重要的《摩奴法論》（*Manusmṛti*）裡邊所敘述的卻顯得相當簡略，行文如下：

agniṃ vāhārayed enam apsu cainaṃ nimajjayet/
putradārasya vāpy enaṃ śirāṃsi sparśayet pṛthak//

yam iddho na dahatyagnirāpo nonmajjayanti ca/
nacārtimṛcchati kṣipraṃ sa jñeyaḥ śapathe śuciḥ//

vatsasya hyabhiśastasya purā bhrātrā yavīyasā/
nāgnirdadāha romāpi satyena jagataḥ spaśaḥ//（8: 114-6）

或者（法官）讓他（被告）持火，或沉入水中，或分別觸摸妻兒的頭部。

若燃燒的火燙不著他，水並沒有讓他浮上來，他也沒有馬上遭逢不幸，因其立誓被認定為無罪。

從前婆磋為弟所 ，因其誠實，火——世界之偵查者——甚至都沒燒著其頭髮。

上面所提到是跟水與火有關的審判方式，顯然這兩種神意裁判最常被加使用。比較特別的是，觸摸妻兒的頭部再看其有無馬上遭逢不幸，也算是一種審判方式，這種方式在此無脈絡可循，相當奇特，令人不免感到疑惑，不過這種審判方式可能跟以下所要談到的神水裁判有關。

然而，最常見的神意裁判，除了前面玄奘所提到的水、火、稱、毒之外，在《毗濕奴法典》（*Viṣṇusmṛti*，第 10, 11, 12, 13 和 14 章）、《夜婆伽法典》（*Yājñavalkyasmṛti*，2: 98-116）以及《那羅陀法典》（*Nāradasmṛti*, vyavahārapada 20: 1-48）專章論述當中，還有一種稱之為「神水」或「喝神水」（*kośa* 或 *kośapāna*）的特殊審判方式。[7]而神意裁判主要是在證人（*sākṣin*）缺如之下所採取的一種審判方式，審判的過程伴有誓言（*śāpa*），其所適用之範圍及對象不一，懲戒的力道也會因種姓之差別而不一致，可說是跟印度社會對於司法訴訟如何進行才算公平之看法息息相關，當中也觸及種姓與司法之關係，以及事實如何能水落石出等事，讓人見到印度在傳統司法與訴訟文化的一些特色，相當具有比較上的參照意義。上面所提三部法典所記載之神意裁判過程，除了在描述上有詳細與粗略之別，以及在發誓所用的真言上略有區別之外，基本上有其一致性內涵。於此，我先引用《毗濕奴法典》上面有關五種神意裁判的敘述，再做一些補充說明。此一法典裡面對於各項審判過程之引文及譯文如下：[8]

atha dhaṭaḥ// caturhastocchrito dvihastāyataḥ// tatra sāravṛkṣodbhavā pañcahastāyatobhyataḥśikyā tulā//tām ca suvarṇakārakāṃsyakārāṇāmanyatamo bibhṛyāt// tatra caiksminśikye puruṣaṃ divyakāriṇamāropayet dvitīye pratimānaṃ śilādi// pratimānapuruṣau samadhṛtau sucihnitau kṛtvā puruṣamavatārayet// dhaṭaṃ ca samayena gṛhṇīyāt// tulādhāraṃ ca// brahmāghnāṃ ye smṛtā lokā ye lokāḥ kūṭasākṣiṇām/
tulādhārasya te lokāstulāṃ dhārayato mṛṣā//
dharmaparyāyavacanairdhaṭa ityabhidhīyase/
tvameva dhaṭa jānīṣe na viduryāni mānuṣāḥ//
vyavahārābhiśasto ayaṃ manuṣastulyate tvayi/
tadenaṃ saṃśayādasmāddharmatastrātumarhasi//
tatastvāropayecchikye bhūya evātha taṃ naram/
tulito yadi vardheta tataḥ sa dharmataḥ śuciḥ//
śikyacchedākṣabhaṅgeṣu bhūyastvāropayennaram/
evaṃ niḥsamśayaṃ jñānaṃ yato bhavati nirṇayaḥ// (10)

以下為秤審。〔放秤之橫桿〕固定在兩根柱子，〔其離地〕四腕尺高，有兩腕尺深。秤桿應由上等木材所製造，有五腕尺長，兩端皆有秤盤。或由金匠，或由銅匠握住秤錘。法官讓接受神意裁判者登上一端的秤盤，另一端則放上同等重量的石頭等物。在秤上之人及同等重量物取得平衡處標好記號後，再叫被告下來。法官得以如下真言在秤及持秤受審者取得協議：「那些被稱為殺害婆羅門的世界，那些偽證者的世界，那些被稱為虛假監督秤的持秤桿者的世界，秤啊！您被稱為正法的別名。秤啊！人所不知曉之事，唯有您知曉，被告為您所秤，唯有您才能公正地讓他免除嫌疑。」之後，法官再將被告放在秤盤上，假如他再秤之後上升，依法得被釋放。假如秤的繩索斷了，或橫桿裂開，則被告須再一次放回秤盤上。如此，真相方告確定，也才能有公平的判決。[9]

athāgniḥ// ṣoḍaśāṅgulaṃ tāvatantaraṃ maṇḍalasaptakaṃ kuryāt// tataḥ prāṅmukhasya prasāritabhujadvayasya saptāśvatthapattrāṇi karayordadyāt// tāni ca karadvayasahitāni sūtreṇa veṣṭayāt// tatastatrāganivarṇaṃ lohapiṇḍaṃ pañcāśatpalikaṃ samaṃ nyaset//
tam ādāya nātidrutaṃ nātivilambitaṃ maṇḍaleṣu pādanyāsaṃ kurvanvrajet// tataḥ saptamaṃ maṇḍalamatītya bhūmau lohapiṇḍaṃ jahyāt//
yo hastayoḥ kvaciddagdhastamaśuddhaṃ vinirdiśet/
na dagdhaḥ sarvathā yastu sa viśuddho bhavennaraḥ//
bhayātvā pātayedyastu dagdho vā na vibhāvyate/
punastaṃ hārayellohaṃ samayasyāviśodhanāt//
karau vimṛditavrīhestasyādāveva lakṣayet/
abhimantryāsya karayor lohapiṇḍaṃ tato nyaset//
tvam agne sarvabhūtānāmantaścarasi sākṣivat/
tvamevāgne vijānīse na viduryāni mānaṣāḥ//
vyavahārābhiśasto ayaṃ mānuṣaḥ śuddhimicchati/
tadenaṃ saṃśayādasmāddharmatastrātumarhasi// （11）

以下為火審。〔審判場地得畫上〕七個圓圈，每個圓圈有十六指幅寬，間隔亦同。接著在被告兩手放上七片無花果葉。被告面向東，兩臂伸展開，而將葉片用線綁在手上，再將重量有五十波羅，燒得通紅的火球平放到被告手中。在接過火球之後，被告跨步走向圓圈，腳步不急不徐。在跨過七個圓圈之後，將球放在地上。假如他兩手有任何一處遭到燒傷的話，則被判定為有罪。若無任何一處被燒傷則此人為清白。假如因為出於畏懼，讓火球掉下，或對是否燒傷有不同意見時，此人需再次持火球，因為情況尚未明朗。審判一開始時，法官先在其手上塗上米做標記〔驗既有疤痕等〕，再將火球放到被告雙手，唸出如下真言：「火啊！您周行於人間做為證人。火啊！人所不知曉之事，唯有您知曉，此人雖被提告但想獲得清白，唯有您才能公正地讓他免除嫌疑。」[10]

athodakam// paṅkaśaivāladuṣṭagrāhamatsyajalaukādivarjite ambhasi// tatrānābhimagnasyārāgadveṣiṇaḥ puruṣayānyasya jānunī gṛhītvābhimantritamambhaḥ praviśet// tatsamakālaṃ ca nātikrūramṛdunā dhanuṣā puruṣo 'paraḥ śarakṣepaṃ kuryāt// taṃ cāparaḥ puruṣo javena śaramānayet//
tanmadhye yo na dṛśyeta sa śuddhaḥ parikīrtitaḥ/
anyathā tu aviśuddhiḥ syādekāṇgasyāpi darśane//
tvam ambhaḥ sarvabhūtānāṃ antaścarasi sākṣivat/
tvam evāmbho vijānnīṣe na viduryāni mānuṣāḥ//
vyavahārābhiśasto ayaṃ mānuṣastvayi majjati/
tadenaṃ saṃśayādasmāddharmatastrātumarhasi//（12）

以下為水審。〔溪中之〕水不能有泥，近重草，惡魚，水蛭等。被告潛入被真言所聖化的水中，抓住另一個人的膝蓋。此人對於被告既不表友好，也不懷恨，而水浸至其肚臍。與此同時，另外一個人拉弓射箭，但不能拉得太強或太弱。其間假如被告沒被看到浮出水面，就被宣判無罪。否則的話，即使只有某一部分身體露出，也會被認定為有罪。所唱誦的真言如下；「水啊！您周行於人間做為證人。水啊！人所不知曉之事，唯有您知曉，此人被提告而沉沒於爾處，因而唯有您才能公正地讓他免除嫌疑。」[11]

atha viṣam// viṣāṇyadeyāni sarvāni//ṛte
himācalodbhavācchārṅgāt//tasya ca yavasaptakaṃ
ghṛtaplutamabhiśastāya dadyāt//
viṣam vegaklamāpetaṃ sukhena yadi jīryate/
viśuddhaṃ tamiti jñātvā divasānte visarjayet//
viṣatvādviṣamatvācca krūraṃ tvaṃ sarvadehinām/
tvameva viṣa jānīṣe na viduryāni mānuṣāḥ//
vyavahārābhiśasto 'yaṃ mānuṣāḥ suddhimicchati/
tadenaṃ saṃśayādasmāddharmatastrātumarhasi// （13）

以下為毒審。除了生長於喜馬拉雅山的角樹之外，其他的毒藥皆不可取。法官給被告七顆樹種浸在酥油當中。假如〔發現〕毒藥輕易被消化，沒有激烈倦怠反應，則被告判為清白，當天結束便被釋放。毒審所頌咒語如下：「由於具有劇毒性及危險性，您會毀壞一切有身者。毒啊！人所不知曉之事，唯有您知曉，此人雖被提告，但想獲得清白，唯有您才能公正地讓他免除嫌疑。」[12]

atha kośaḥ// ugrāndevānsamabhyarcya
tatsnānodakātprasṛtitrayaṃ pibet//
idaṃ mayā na kṛtamiti vyāharandevatābhimukhaḥ//
yasya paśyeddvisaptāhāttrisaptāhādathāpi vā/
rogo 'gnirjñātimaraṇaṃ rājātaṅkamathāpi vā//
tamaśuddhaṃ vijānīyāttathā śuddhaṃ viparyaye/
divye ca śuddhaṃ puruṣaṃ satkuryāddharmiko nṛpaḥ//（14）

以下為神水之審。在禮敬諸兇神之後，被告須飲用三握聖祝之水。然後對著神祇說：「此非我所做。」假如過了兩或三星期之後，被告生了病，或遭火災，或親友亡故，或因國王而遭受苦痛，就被認定為有罪，否則為無罪。在神意裁判中具法有道之王要善待清白的人。[13]

至於何時使用神意裁判呢？在法論作品對此所做的說明不一而足，在此引《夜婆伽法典》中對於使用之時機做個總括性之說明如下（參閱《毗濕奴法典》第九章）：

文書、所有權以證人稱為證據。若無其中任何一項，則可使用神意裁判。[14]

在此，稱、火、水、毒及神水審是為了澄清真相，原告提出嚴重告訴但同意遵照判決時所採行之神意裁判。[15]

或者兩造按照本人的意願，同意接受判決後之懲罰；或者犯了叛國罪，即使原告未答應支付罰鍰，仍可採行之。[16]

基本上，神意裁判為無證據可用的情況下所採取的審判措施。而由神意裁判主要用在債務等有關之金錢交易訴訟看來，原告與被告可能彼此頗為熟識。《毗濕奴法典》針對發生金錢糾紛時，不同種姓使用神意裁判的時機做了如下的說明（參閱《夜婆伽法典》2：102）：

在有關存款、竊盜之事，得按照價值多寡之等級得來做神意裁判。[17]
假如價值不足一半蘇瓦那時，首陀羅得接受神水裁判。[18]
假如價值超過一半蘇瓦那時，可使用秤或火、水、毒裁判。[19]
若要用同樣的神意裁判時，則吠舍的價位為首陀羅兩倍，剎帝利為三倍，婆羅門為四倍，但排除於神水裁判之外。[20]

有關個別神意裁判的適用問題，《毗濕奴法典》裡面的記載要比《夜婆伽法典》來的詳細些：

秤審適用於女人、婆羅門、殘障者，體弱者及病人。[21]
火審不適用於痲瘋病患者、體弱者或鐵匠。[22]
毒審不適用於痲瘋病患者，膽病者或婆羅門。[23]
水審不適用於為痰病所苦，膽小者，氣喘者，以及靠水討生活者。[24]
神水審不適用於無神論者。[25]

在檢視以上法論有關神意裁判的敘述之後，吾人若將其跟玄奘所提到的審判過程來加比較的話，會發現有兩個疑點待釐清。第一個疑點是為何玄奘沒提到神水裁判？第二則是兩者對於神意裁判之敘述，為何有著明顯差異。

從上面法論所引有關神水裁判（*Viṣṇusmṛti* 9: 31）之敘述，吾人發現無神論者不適用於這種裁判。其背後所根據的可能是這種審判需要在一開始召請印度教神祇，並在其面前立誓，所以佛教徒等外教者被排除在外。的確，在《那羅陀法典》裡面談到神水審的時候，無神論者看來被視為大逆不道之徒，跟其他犯有重大過失，社會邊緣人以及異常之輩並列在一起的：

> 犯有重大罪行，不正直者，忘恩負義者，去勢者，惡棍，無神論者、浪蕩者及奴隸等人排除在神水審之外。[26]

在此所提到的浪蕩者（*vrātya*）是指原為再生族（前三大種姓）因為沒有適時執行印度教的生命淨化禮儀（*saṃskāra*）職責，特別是沒有在規定時間之內配戴聖線而失去種姓身分者。顯然，以上這些人或因非印度教之正信者，或因身分不明及地位低下而被排除在神水裁判之外。《那羅陀法典》亦提到神水首先要交給一位信神者（*saśūka*）（vyavahārapadāni, 20: 42），所以這項審判跟信仰之間有極大關聯。而玄奘這位佛教的學問僧，雖然極有機會被邀請到羯若鞠闍國（*Kanyākubja*，曲女城）等佛教國度，但不太可能受邀至印度教王國。可能因為如此，他便沒有機會親臨神水裁判。或者，因個人信仰的關係，玄奘沒有去過舉行此項審判的印度教廟宇，也就無法對此一項神意裁判加以著墨。當然，也有可能神水裁判於此時在印度社會尚未展開，或尚未全面開展，所以玄奘無法見到此一審判方式，自然也就無法加以記錄。

有關在廟宇舉行神水裁判一事，Alberuni 在其《印度記》所談到中世印度法庭之神意裁判訴訟當中有比較詳細的說明：

> 更高的一種〔神意裁判〕如下：法官得將原告與被告送到國中或城中最為人所尊敬的偶像之廟宇裡。被告在當天須要禁食。隔天，他穿著新衣，跟原告一起被安置在廟裡。然後，祭司將水倒在偶像上面，再將水拿給被告喝，假如他沒有說實話的話，就會當場吐血。[27]（Alberuni, 2001: chap. 70）

就中世印度法律訟案而言，Alberuni 記錄了如下六項：毒審、水審、神水審、稱審、金審及鐵審，也對於這些神意裁判有比較長的敘述。Alberuni 並沒有提到火審。不過，由其特性看來，金審以及鐵審跟火審直接相關，應為不同方式之火審。

然而，若考量其與法論作者對於神意裁判所做的不同敘述，則玄奘的敘述還算準確嗎？Bühler 認為神意裁判是印歐社會古老的習俗，存在著個別變異情形。（Bühler, 1886: cii，關於此問題下文再論）。在前面所引之法論著作當中，《摩奴法論》對於神意裁判所做的敘述最為簡短，只提到水、火兩種。這種情形可能是法論作者認其為地方習俗、而非系統性的法律訴訟程序（Bühler, 1886: ci-cii）。次要的法論著作像《毗濕奴法典》或《夜婆伽法典》及《那羅陀法典》則努力讓神意裁判變為比較正式的審判程序。Bühler 也認為次要的法典「只是將不同的習俗納為系統，讓其逐漸趨於完整」（Bühler, 1886: cii）。假如此一情形為真的話，則對於神意裁判所做稍微不同版本的敘述應該是可加理解之事，因為存有地域性之差別等。職是之故，不同法論作品對於神意裁判的敘述裡面也出現一些差異性，並非完全一致。先前也提及 Alberuni 並未論及火審，而是將其分為兩種不同的審判過程。第一種情形要被告從與滾燙的奶油與麻油熱鍋中取出金塊，第二則要被告以手握住鉗子夾住幾近熔化的鐵塊後，向往前走七步。看來，中世印度小國林立，而各國可能皆保有其司法風俗，神意裁判存在變異情形自然不足為異。

看來，玄奘所做之相關敘述，很有可能是他在印度某些地區所見神意裁判之場景。雖然他所描述的，並非傳統印度司法審判的全般樣貌，而是較為特殊之訴訟審判過程，所以整體看來不免有些簡略，但卻有其相當程度之真實意義。最重要的是，玄奘以一個異國僧人的身分，見到這些在漢地從未聽聞過的審判之後，可能不免有所訝異，卻以相當忠實而不誇張的態度加以記錄，自有其過人眼光，而能在比較司法思想上完成具有重大意義之書寫紀錄。

3

在上面所見到的神意裁判基本上為敘述之場景，需要進一步加以思考與解讀。所以，在考察印度神意裁判的具體內容之後，吾人可進一步來探討此一司法思想背後所蘊含的一些意涵，而這個問題若拿同樣存在著神意裁判的中世歐洲來相參照，或許可發現一些共同的思想前提。神意裁判在九世紀到十二世紀的中世紀歐洲也有過一段全盛時期（Ziegler, 2004: 1），並對歐洲的司法有著一定的影響（Hyams, 1981），當時的神意裁判主要的執行方式除了水審與火審之外，比較特別的為透過決鬥的方式來顯示上帝之旨意。

而就有關決鬥做為神意裁判的問題上面，傅柯（Foucault）對包括中世歐洲在內的司法思想史所做的探討（Foucault, 2000）值得一提。他在討論西方司法審判發展的歷史時，對於中世紀封建社會的不同審判形式，特別是日耳曼民族的律法表現相當重視。他認為在日耳曼社會，審問的系統並不存在，而當事者之間的糾紛會透過試煉式的競技比賽來加解決。傅柯認為此時的日耳曼的律法有著以下的特點：第一，沒有公開的法律行為，也就是說沒有任何人代表社會、團體、當局或權力擁有者來對個人提起公訴。第二，一旦刑事行為成立，也就是某人宣稱自己為受害者，要求另一方賠償時，則司法上的清償方式成為個人之間衝突之延續。如此一來，則一種類似於個人私下之戰由此發展出來，所謂刑法的程序只不過是這種衝突儀式化的結果，從中可看出日耳曼法律並沒有將戰爭與正義對立起來。第三種情況是，雖說戰爭跟法律之間沒有對立，卻有可能達成一種協議。也就是說，將那些規制的敵對狀態之僵局打破，而古老的日耳曼法律也總會提供一種可能性，就是在經過長時間有關報復之交互性及儀式性的行動後，雙方來達成一種理解，一種妥協。於此，一連串的報復行動乃中止於協定（Foucault, 2000: 34-36）。

傅柯認為在十三世紀之前，中世紀歐洲封建律法基本上傳承自日耳曼，裡面沒有任何審問過程。訴訟之雙方透過試煉方式來解結彼此紛爭，特別是在有關殺人及竊盜訴訟上，兩造可透過彼此可加接受的試煉方式來一決勝負，他認為這套系統無法驗明真相，而明顯偏袒有力者之一方。（Foucault, 2000: 36-37）以此一試煉式的競技比賽觀點出發，傅柯以帶點嘲諷的口氣談到了中世歐洲之神意裁判：

> 最後為著名的關於肉體上的試煉，稱之為神意裁判。也就是把人放到一種比賽裡面，跟自己的身體格鬥，看看自己是過關還是失敗。比方說，在卡洛林帝國〔800-924 AD〕時代，法國北部的一些區域，對於謀殺案被告個人有著出了名的試煉。被告得走在燒過的煤塊，兩天過後假如疤痕還在的話，便是敗訴。此外還有其他的一些試煉。比方說，水的神意裁判，也就是將人的右手跟左腳綁在一起，丟入水中；假如此人沒有沉入水中的話，即是敗訴，因為水本該接受他但卻沒有；假如他沉入水中的話，即為勝訴，因為水並沒有拒絕他。所有這些個人或其身體跟自然要素之對決乃是個人之間

> 彼此爭鬥的一種象徵性轉換，其中的語意學得加以研究。基本上，這終究乃為決定誰是強者的一種格鬥之事。在古老的日耳曼法律當中，審判一事只不過是規制化、儀式化了的戰爭之延續。（Foucault, 2000: 38）

以上為傅柯對神意裁判的看法。他把中世歐洲的神意裁判跟日耳曼民族的肉體格鬥放在一起談，因為兩者都是事關身體之試煉，只不過一個為自身之格鬥，另一個為與他人身體之格鬥。然而格鬥做為審判的傳統主要源於包括瑞典等的古代日耳曼民族裡面，其他有關自然秩序之神意裁判——主要為火審及水審——卻普遍存在於印歐社會，而這些神意裁判的主要特色在於人跟自然秩序的格鬥而非人跟人之間彼此的體力爭鬥。Ziegler 將有關爭鬥之審判跟自然之審判區分為二：雙方（bilateral）對決——這種對決一開始並不涉及獨立存在的神之干涉來確定有罪與否，及單方（unilateral）——其有效性涉及自然秩序的卓絕及驗明反應（Ziegler, 2004: 1）。兩者之間有其根本差異。基本上，印度的神意裁判並無涉及兩造之間身體爭鬥之事。Ziegler 對於神意裁判的源起有如下的看法：

> 在神意裁判源起的初民文化，自然跟神明往往被等同在一起。神意裁判背後的原初思想為：自然無法容忍有罪者存在於其中。冒犯者驚擾了自然之神聖秩序，團體秩序也包括在內，因此透過試驗後他會為自然所拒斥。在基督教廣布之時，則神被認為是在執行自然之責。在歐洲信仰改變之後，

> 於初期及全盛期的中世社會，神意裁判被用在以其他辦法無法來處理並解決被告是否有罪的方式之一。案子乃事關沒有證人或沒有可靠證人的情形之下如何來加解決。在此情形下，神乃被召來做為證人。（Ziegler, 2004: 1-2）

以神來當證人乃為中古時期歐洲神意裁判的最後思想依據。Peter Brown 在探究歐洲神意裁判於十三世紀逐漸式微的專文（Brown, 1975）中提到，反對神意裁判的教士及批判者皆將其歸罪於野蠻的日耳曼風俗：「這些人說神意裁判為一古老習俗，粗鄙而低級，僅僅是因為教會對日耳曼蠻族鐵石心腸的一項妥協，在早期乃被加以容忍。」（Brown, 1975: 136）然而，中古歐洲神意裁判的兩大類別，其來源面可能不一，若將神意裁判全部歸罪於日耳曼民族，可能只看到一半問題，因為另外一半有關水及火之神意裁判的問題在印歐社會的歷史可能更為悠久，流布更為深遠。事實上，神意裁判做為印歐社會的一項特徵，其所共同擁有的水審及火審是乃是重要指標。這兩項神意裁判皆事關宇宙秩序的運行，且跟真理之守護有關。由此看來，神意裁判跟整個印歐社會之司法文明之發展有著重大的連結。於此可再以火審為例，事實上火審可能是一開始最為重要的神意裁判，這點可由火在古代印度伊朗宗教文明的重要性來見出。Mary Boyce 提到火在拜火教或祆教（Zoroastrianism）時的重大意義時，有著以下之敘述：

祆教對於火之尊崇明顯地有著印度伊朗〔文明〕爐火崇拜上之淵源，而極有可能再追溯到印歐〔文明〕時代。爐火提供了溫暖、光明與舒適，被古代伊朗人視為火神 Ātar 之化身。火神居於人間，是為眾生之僕人及主人，人間定期獻祭回報其不時援助……。

火在古代伊朗也被用於法庭。那些被控訴在契約上造假或違背契約（*miθra*）者，可能會透過嚴陣以待的聖火審判之終極試煉來獲取清白。這種神意裁判，有時要求被告行走過火，有時會把融化的金屬倒在其赤裸胸部上。而據說總共約有三十種諸如此類的火審……假如被告死亡，即被認定為有罪；假如存活，乃獲清白，因為他受到契約神及其他諸神明之保佑。這些神意裁判裡面最為緩和的方式是要求被告鄭重發誓，同時喝下含有一劑量之硫磺……假如被告做了偽證，此一易燃物被認為在身體裡面會燒起。火因此跟真理相關聯。……因而在古代伊朗人的生活與思想裡，火在理論、倫理、儀式及實踐上具有非常大的重要性。（Boyce, 2001a: 1）

由此可見印歐社會之神意裁判的源頭跟宗教思想關係密切，其目的是要透過神聖力量之介入來驗明真相。至於為何是以身體來作試煉——或者說是懲罰——乃因其被認為能承載真理之具。以上所引有關祆教對於火之信仰以及文章開始所提到的奧義書例子皆可見出真理跟身體的關係，而由古代印度與伊朗的所顯示出的共通性看來，火審可能最先使用於神意裁判。這明顯跟印度伊朗文明對於真理守護之觀念有著密切關聯：在古代伊朗社會，契約之遵守等於是對於真理之守護。*Miθra* 既是契約，又為契約之神，而吠陀印度承續了此一嚴守真理傳統，而用 *ṛtá* 一詞把真理與宇宙秩序等連接起來。在《梨俱吠陀》時代，忠於誓言，遵照約定行事極為重要，違背信用者等於背棄真理，而守護真理及守護宇宙秩序之神祇除了密多羅（Mitra）之外，又多了伐樓那（Varuna）。兩位看守宇宙秩序之神祇日夜輪流來監督宇宙及人間秩序，而不守真理者會遭到神明及整個社會唾棄，因此密多羅及伐樓那做為契約之神兼魔法宗教（magico-religious）及司法契約（juridico-contractual）上的職責。前者跟宇宙秩序有關，而後者跟人間秩序有關。他們為司法正義之執行者，隨身攜帶繩索及弓箭來懲罰那些犯了違背契約之不守信用及詐欺者，將其繩之以法，而獎賞信守約定之說實話者。（參閱 Boyce，2001）由古代印度及伊朗小心翼翼守護真理的情形看來，透過火之試煉來驗明正身、彰顯真理，應為此一神意裁判的根本預設。

再由印度與歐洲的情形看來，則火審與跟水審是為最被廣泛使用之神意裁判。與火相比，水對人類文明的重要性不下於火。但水可載舟，亦可覆舟，其神聖而不可測的力量在此顯露無遺，水之試煉可說是對另外一種重大自然秩序力量的運用。值得一提的是伐樓那在印度司法象徵上及水審中所扮演的重大角色。伐樓那在吠陀時期為無所不在的正義之神，而祂的居所不止於地上的河流、海洋或泉水，天上降雨之處亦為其住處，而在吠陀時代並無水神出現，但伐樓那跟水的關係特別密切，可說是宇宙之水的主人。Lüders 認為祂之所以會以水為家主要是因為發誓之時得以手取水來進行，而此為伐樓那乃為誓言之神（Eidgott）之故。（Lüders, 1959: 28）伐樓那誓言之神的地位以及他跟水的特殊關係亦見之於中世印度，吾人在《夜婆伽法典》（2: 108）有關水之神意裁判見到如下之敘述：

> 「伐樓那啊！您要以真理來保護我。」被告要對著水用如此發誓。[28]

水因為誓言而具有詛咒的力量，居住於其中的神乃為詛咒之神，具有生死與奪之權，而水也變成可招來死亡之水（Lüders, 1959: 33）。看來，水在印度宗教—司法傳統上被賦予了真理試驗之職權，其與水皆因具有摧毀力量的神聖自然秩序，所以在印歐文明之傳統上乃被選為真理對於身體試煉之用，因此水火雖無情，卻能讓真相顯露。其他神意裁判，諸如毒與秤，雖然跟自然秩序之間沒有直接關係，卻是利用對於自然界物資及對於市場交易工具知識之掌握所發展出之審判方式。兩者可能是逐漸發展出來，而最初屬於區域性的傳統。此外，由其審判進行過程看來，神水裁判跟印度教及婆羅門的關係特別密切（婆羅門被排除於此一審判之外），應該是印度教在次大陸穩定成長，且外教勢力已無法跟其直接相抗衡時，所新推出的宗教結合司法審判方式，跟神意裁判在十三世紀之後於歐洲消退的情形相比，此一審判方式在中世印度維持著相對穩定之局。

中世紀印度神意裁判在時間上要來的長的原因可能跟其社會長期小國林立，而宗教與社會長期緊密結合的情形有關。在談到中世歐洲的神意裁判時，Brown（1975）及 Hyams（1981）即強調神意裁判主要在比較小的社群裡面所採行的司法審判方式之一，而裡面成員彼此存在著有著某種程度的依存關係。Brown 更進一步強調宗教這個角色在其中所扮演的一定分量：

> 在黨派林立的義大利城鎮，理性主義與成文法的有力土壤裡，神意裁判的化身仍舊繼續存留，做為一相互之間處於平衡而分裂社群之病的解藥。所以吾人所處理的並非是歐洲世界比較野蠻的過去，或歐洲世界比較野蠻成員之習俗。吾人所討論的是如何來運用諸如此類的解決辦法之整體情況。而超自然在社會的角色，也就是神聖與凡俗混在一起的生活方式之部分，讓研究十二世紀之前世界的學者印象深刻。
>
> （Brown, 1975: 140）

以上情況基本上也可用之於中世印度。不過，印度之神意裁判有其與歐洲社會之共通性與本身之獨特發展情形，因著長期處於非大一統的情形，讓這種審判方式在印度在不同地域社群流傳，而神意裁判在印度主要是用在借貸糾紛上面，顯然借貸雙方彼此熟識。然而，印度的情形要比歐洲要來的複雜些，因為印度社會存在著種姓制度，社群成員彼此之間雖然相互往來，但社會地位並不平等，所以在審判之適用相關上規定明顯偏袒再生族，特別是婆羅門。神水審更讓人見到獨審忠誠印度教徒，而把非印度教徒等被告排除於外的專門法庭。再此，宗教秩序明顯地將司法正義包納於其中。

結語

身為外邦人士的玄奘與 Alberuni 都見證了神意裁判，可見此一司法審判在印度社會所具有的能見度與影響力，而神意裁判，特別是神水裁判，又一次佐證了印度宗教力量之無所不在。在印度宗教史上，正統思想將身體做為真理試煉之工具，而初期沙門修行者則藉著對於身體的另一種試煉，也就是藉苦修來證得解脫之真理。身體做為一司法試煉之工具來驗明真相，若與修行上之苦修傳統來相比較的話，兩者皆是對於身體之試煉；但與修行傳統不同的是，神意裁判裡面明顯兼有對肉體之懲罰以及心理上的煎熬，其對受審者而言應是一種相當嚴酷的身心考驗。假如印度社會沒有長時間宗教與社會之緊密結合以及眾邦分立情形的話，則此種審判方式可能難以為繼。神意裁判，讓吾人見到司法身體與宗教社會生活在印度次大陸歷時甚久的密切關聯。

而與古代伊朗或中世歐洲相比較，則初期的婆羅門思想與中世之印度教有其在司法真理（不管是 *ṛtá* 或 *satya*）看法上的連續性，司法真理與身體試煉之結合促成了神意裁判的興起。火等重要自然要素被視為具有揭露真理之神聖力量，而身體成了真理的試金石，表示經由自然力量對身體之考驗可來探查出事實，讓真相大白。神意裁判在印度的悠久歷史，見證了身體除了做為宗教真理之生息場所外，也同時是司法真理之所依賴之處。兩者之間的關係為何雖不在本文探討範圍，但值得加以思考；而身體在印度思想史上所具有之重大意義，亦由此可見。

後語

2002年法國國家科學研究中心（CNRS）所出版《印度教世界之身體觀》（*Images du corps dans le monde hindou*）[1]一書，是近年來研究印度身體觀的一部重要專書。這本專書事實上是一本跨學科研究文集，圖文並茂地收錄了從歷史、人類學和社會學等不同角度探討印度教世界有關「身體做為一文化物件」（*Le corps comme objet culturel*）之十七篇文章。相關學者們從文本、民間口述傳承、身體實修、儀軌、律法、藝術及死亡等多元脈絡來了解印度宗教傳統對於身體所作的不同論述。因書中之論述跟本研究有不少關聯，在此稍用篇幅加以介紹，讓吾人見到印度身體觀的多元而豐富之面向，同時也可來佐證本書所具有之學術參照價值。

此書之編者在導言裡相當扼要地交代有關研究印度教身體方面的論述，並指出印度社會人類學的重要學者，包括 Louis Dumont（意識形態論）及 McKim Marriott（交易論）之兩派學者並未將身體做為核心概念來加以處理。人類學應以多元脈絡的方式來談論印度教身體。而學者要以不同的進路來探究印度教身體之豐富景象，包括口述傳統，宗教實修，儀式化或未經儀式化之法律地位等等，來考察傳統之文本知識與參與觀察到的實修田野之間的連續性與差異性，以避免發生過度化約之情形。

全書分為四部分，每一部分皆有四篇文章。第一部分題為「敘述性邏輯」（logiques descriptives）。學者們分別從知識考古學、傳統經典、語言結構及田野調查來談身體之呈現。第二部分題為「密教之宇宙」（univers esotériques）。四位學者從瑜伽行者之身體，密續經典、宗教實修以及音樂和詩歌之表現來探索印度教密續之身體觀。第三部分題為「演出」（mises en scène）。學者們從傳統戲曲家族、女性地位、獻身祭神以及寶萊塢（Bollywood）電影等不同角度來探究身體之展現意義。文集最後一部分題為「社會構建」（constructions sociales）。學者們從皮革匠種姓、尼泊爾法規書、印度教婚姻法以及田調專訪來論印度教社會對於身體之構建。最後之總結文章則為對印度及尼泊爾之火葬所作之田野紀錄。

整體看來，書裡面所收錄論文對於印度教世界身體之重大相關之事做了相當廣泛、多元而精彩的論述。透過此一專書，吾人不但見到身體觀改變了印度教之歷史，也目睹身體在印度教之歷史、社會與宗教等面向之多重含意。而此一文集可說是法國與歐美印度學學界通力合作所完成的佳作。也是對印度教身體觀綜合研究之成果，相當具有參照意義。

由以上對《印度教世界之身體觀》一書之簡單介紹，即可見出身體觀在印度文明所扮演的吃重角色。不過，身體研究固然有其重要性，但或許並非主流印度哲學與宗教研究的原故，所以印度學在這方面的著作還不多見。然而，印度之身體觀不但事關哲學、宗教，更涉及社會與法律等人間重大課題，具有多方意涵，可說是印度文明裡面最為根本的論題之一，值得投入心力加以研究，讓更多相關重要論題可來加以申論，同時亦可提供不同文明之比較身體觀研究上之相關參考。

本書即是在上述思考前提下來提筆撰寫。雖然在企圖心上無法跟《印度教世界之身體觀》相比，但以思想史之角度來看婆羅門與沙門在身體觀上的競合過程，也可見出雙方在身體觀論辯中所透露的一些重大思想意義，值得深入加以探討。

而本書主要雖為文獻探討，但因印度文本本身在年代推定上的困難，以及近代之前的歷史有其不確定性，所以在撰寫上乃借助其他學門之幫忙。在對書中不少問題所做思考的過程中，《印度教世界之身體觀》一書提供了相當多而豐富的參照點，特別是第一及第二部分，讓本書在對整體語意思考之呈現上，更有脈絡可循。然而，探討印度思想歷史本來就是一件吃力不討好之事，更何況在不確定史實特性之背境下，想來對不同之思想傳承之交涉與轉變做出「歷史詮釋」，自屬勉力而為之作。

總之，如何在專論之論述中保有通論作品的興味，是本書的企圖所在，但也是最大挑戰。臺灣學界對於饒富知識與思想意義的印度學相對陌生，加上在論述及語境無法簡化的前提下，如何下筆來提供在印度思想及比較文明研究上具有參照意義的書寫，誠屬不易。

註釋

導論

1 Vincent Descombes. (2014). *The Institutions of Meaning. A Defense of Anthropological Holism*. Trans. by Stephen Schwartz. Cambridge, Mass./ London: Harvard University Press.

2 有關耆那教的苦行思想，參閱拙作〈尼乾子為四禁戒所制御〉一文。收錄於《從聖典到教史——巴利佛教的思想交涉》書中（臺中：明目文化，2009）。

第一章

1 *Puruṣa* 固然是後來數論派（*Sāṃkhya*）重要的論述根據，但在〈原人歌〉應為宗教社會思想的一種隱喻，而非哲學命題。不過 *Puruṣa* 的影響力從初期吠陀到印度教時期皆然，顯然是一個歷久不衰之文化活水源頭。

2 《梨俱吠陀》及早期吠陀文獻——包括所有的本集（*Saṃhitas*）及部分梵書（*Brāhmaṇa*）之傳承保有跟古代希臘文一樣的音節之高低音調，其為音樂唱頌上的設計，對詩歌的韻律並無影響。一般將吠陀聖典之音調分為高調（*udātta*，文字錄寫之標記為 ◌́）、高降調（*svarita*，其標記為 ◌̀）及低調音（*an-udātta*，其在錄寫上不見任何記號）。在吠陀梵語裡，大部分的單詞會有一個高調音。不過主述句之限定動詞以及不在句首的呼格及某些代名詞和虛詞不見高調音。不見高調的音節為低調音。就語音學觀點而言，高調音節之後的下個音節要往下掉，是為高降調。有關吠陀梵語的音調諸多相關問題可參閱 Macdonell, 2000: 76-107.

3 有關這首詩歌的解讀，可參閱 Norman Brown: 1931。在《梨俱吠陀》另一首有關創世源起的著名詩篇（10: 129）裡邊，詩人們對於宇宙起於有（*sát*）或無（*ásat*），或者太初（*ágre*）的狀況究竟是有無日夜，冥闇（*támas*）為何，以及有誰知道創世（*vísṛṣṭi*）詳情而將其公之於世等相關議題，展開熱烈的對話。讓人見到古代印度人對於創世源起此一重大問題的興趣。整首詩歌充滿著對於宇宙源起的種種冥想。而在〈原人歌〉裡面所敘述的，已經不是對於宇宙源起之思索，而是對於宇宙秩序應該如何安排才算是一個完美組合的問題。

4 千手千足等有關原人身體的意象在中世印度又成了一個重要的象徵。在《白騾奧義書》裡面，原人的身體重新出世（3: 13-16），成為整個世界大歸依之身處（*sarvasya śaraṇaṃ bṛhat*, 3: 18）。〈原人歌〉裡面的自在主（*Īśāna*）則在此一奧義書中經過轉化，成為新救度思想之救世主。而此一新自在天之千變萬幻之身體不但見之於印度教，也見之於佛教。濕婆做為大自在天是有著千眼、千手，並跳著瘋狂舞蹈（*tāṇḍva*）要毀滅宇宙之舞王（*naṭarāja*）（Kramrisch, 1981: 277）。於大乘佛教，觀自在即為有著「千眼照見、千手護持」利益眾生的普薩之身（參閱：于君方，2009: 81-94）。不過，這些描述跟原先在《梨俱吠陀》對於原人所做之描述有著極大差異。原人最初的「巨靈」象徵在中世印度已轉為宇宙之主巨大神威力（*śakti*）之展現。

5 *dvidhā kṛtvātmano dehamardhena puruṣo 'bhavat/ ardhena nārī tasyāṃ sa virājamasṛajat prabhuḥ// tapastaptvāsṛjadyaṃ tu sa svayaṃ puruṣo virāḍ/ taṃ māṃ vittāsya sarvasya sraṣṭāraṃ dvijasattamāḥ.//*

6 *kāmānmātā pitā cainaṃ yadutpādyatas mithaḥ/*
saṃbhūtiṃ tasya vidyādyadyonnāvabhijāyate//
ācāryastvasya yāṃ jātiṃ vidhivadvedapātagaḥ/
utpādayati sāvitrayā satyā sājarāmarā//

7 Geldner 認為此節前半段的意思為：原人既為諸神獻祭之犧牲，也是獻祭所祭拜的神祇。也就是說，他同時為獻祭的對象和崇拜的對象，犧牲和神靈集於一身（Geldner, 2003, Vol. 3: 289）。

8 Mus, 1964: 327.

9 Proferes, 2007: 13.

10 有關於政治秩序在人類文明上所扮演角色的重大意義，可參閱 Fukuyama 於 2011 年所做之比較研究。

11 「現存的《梨俱吠陀》大概提及了三十個氏族與部落，這些社會團體可能是大家庭、宗族、小型部落或是大型的聯盟。」（Witzel, 1995: 313）

12 有關《梨俱吠陀》中因陀羅屠龍相關詩歌中的神話創作母題之比較分析，可參見 Watkins, 1995 : 304-312.

13 Watkins 對於印歐屠龍神話意涵有著如下之觀察：「廣而言之，龍象徵著混亂，屠龍代表著宇宙真理和秩序戰勝混亂的終極勝利……在年的週期裡邊為成長克服停滯或蟄伏之一種象徵性勝利，而終極言之，則為再生勝過死亡。」（Watkins, 1995: 299）

14 有關 *Enūma Elish* 中馬杜克殺死提阿瑪的故事，可參見 E. A. Speiser 的翻譯（Speiser, 1958）。而對這部史詩之內容分析，參見 Jacobsen, 1976: 167-191。中文翻譯可參閱饒宗頤，1991。

15 也可以參考 Cross 對此一創世史詩之隱含意義所做深刻洞察分析：「神殿的基礎等於創世神話的二元主義，巴比倫統治之建立等同於宇宙秩序之建立。天上及人間之王權，在創造的秩序裡面被確定下來，理當永恆。最後，眾神饗宴於皇家神殿來慶賀聖王的祝宴，此為地球上王室登基的原型。在這些字裡行間，神話與禮拜儀式之腳本變得清晰可見，而創世神話的政治與宣傳上的特徵清楚地浮現出來。眾神的宇宙國度跟巴比倫的政治社群是永恆地被確立了。神話記載了原初的那些事件，而腳本

也讓創世落實，不斷地更新……在禮拜儀式中所慶賀的原初事件，現在也是一個新的創世。」（Cross, 1998: 79）

16 這個神話組曲被稱為《巴力組曲》（*Baal Cycle*）。參閱 Smith,M. and Pitar,W. 對此一神話的翻譯與註釋（Smith, M. and Pitar, W. 1994-2009）。

17 對於此一神話組曲之分析研究，可參閱 Odenburg, 1969。

18 關於這首詩歌，Cross 在其《迦南神話與希伯來史詩》（*Canaanite Myth and Hebrew Epic*）中做了非常精闢的論述（詳見 Cross, 1973: 112-144）。

19 Boyce 認為拜火教在神廟舉行有關火的禮拜儀式，特別是沒有神像而只有火祠（fire sanctuaries）的禮拜方式，基本上跟薩珊王朝（Sassanid Empire, 224-651 A.D.）的成立有很大的關係（Boyce, 1975）。

20 Jamison 及 Brereton 在其所合譯之《梨俱吠陀》即認為〈原人歌〉中所敘述的是一種社會理想，而非社會存在現況。種姓社會此時尚處於萌芽階段。見 Jamison, and Brereton, 2014, 1:57-58.

21 *vā́m víśo vṛṇatām rājyā̀ya tvā́m imā́ḥ pradíśaḥ páñca devī́ḥ/ várṣman rāṣṭrásya kakúdi śrayasva táto na ugró ví bhajā vásūni//* (AV 3.4.2)

22 Schlerath 總結出初期吠陀文本中 √vṛ（選擇、慾求、希望等）的意義：

就印度而言，**√vṛ** 詞根之使用顯示出欲求之明確性。其意義是為自己而選某人，或自己想要某人，自己透過選舉來擁護某人。以其做為動詞之中間語態相關的是：所表現出的行為首先是為了主體而非具重要性之客體。常見的 **√vṛ** 詞根所表達之例子如下：祭司選阿耆尼為主要祭官。某人選某神祇來幫忙和求助。因陀羅選蘇摩，蘇摩選水，雙馬神選太陽神。（Schlerath, 1960: 113）

第二章

1 在此所謂的初期奧義書，主要是指那些可能成書於佛教興起之前的奧義書，包括最早可能成書於紀元前 6-7 世紀的《廣林奧義書》及《歌者奧義書》，以及稍晚、可能成書於紀元前 5-6 世紀的《愛多雷耶奧義書》（*Aitareya Upaniṣad*）、《泰帝利耶奧義書》（*Taittirīya Upaniṣad*）及《憍尸多基奧義書》（*Kauṣītaki Upaniṣad*）；參閱Olivelle, 1998: 12-13。而由《廣林奧義書》原為《百道梵書》（亦為一森林書：*Āraṇyaka*）之部分可知初期奧義書與梵書之間在思想上的傳承關係。再由初期奧義書跟初期沙門在思想上之對立但又對話的情形看來，兩者之間也有極為重要之互動。

2 *uṣā vā aśvasya medhyasya śiraḥ/sūryascakṣuḥ vātaḥ prāṇaḥ vyāttamagnirvaiśvānaraḥ/ saṃvatsara ātmāśvasya medhyasya/ dyauḥ pṛṣṭhamantarikṣamudaraṃ pṛthivī pājāsyaṃ diśaḥ pārśve avāntaradiśaḥ pārśavaḥ ṛtavoṅgāni māsāscārdhamāsāśca parvāṇiahorātrāṇi pratiṣṭhāḥ nakṣatrānyasthīni nabho māṃsāniūvadhyaṃ sikatāḥ sindhavo gudāḥ klomānaś ca parvatāḥ oṣadhayaśca vanaspatayaśca lomāni/ udyan*

pūrvārdhaḥ nimlocañjaghanārdhaḥ / yadvijṛmbhate tadvidyotate/ yadvidhūnute tatstanayati/ yanmehati tadvarṣati/ vāgevāsya vāk// (BĀU 1:1)

3 有關 *ādeśa* 在初期奧義書之意涵，參閱 Thieme, 1969.

4 雖然 *ātmán* 於初期奧義書中常有身體之意，不過，*ātmán* 比較偏向身體之生命層次。在初期奧義書裡面所提到的物質性身體（physical body）常往往以 *śarīra* 表之。可參閱 Olivelle, 1998: 507 中對於 BĀU 3, 2: 11 所做之説明。

5 *áthādeśá upaniṣádām. vāyúr agnír íti ha śākāyanína upāsata ādítyo 'gnír íty u haíka āhur átha smāha śraúmatyo vā hâliṅgavo vā vāyúr evāgnî[s]*. (SB 10, 4, 5:1)

6 有關「奧義」（*upa-ni-ṣad*）為一關聯之學，可參閱 Schayer, 1926.

7 這一方面可參閱 Angot, 2002.

8 *sa eṣa prāṇa e va prajñātmedaṃ śarīramātmānamanupraviṣṭa ā lomabhya ā nakhebhyaḥ/* (4:20)

9 *sa ha śāntahṛdya eva virocano 'surāñjagāma/tebhyo haitāmupaniṣadaṃ mahyya ātmā paricaryaḥ/ ātmānameveha mahayannātmānaṃ paricarannubau lokāvavāpnotīmaṃ cāmuṃ ceti//*

10 *yo ha vai jyeṣṭhaṃ ca śreṣṭhaṃ ca veda jyeṣṭhaśca śreṣṭhaḥśca svānāṃ bhavati/prāṇo vai jyeṣṭhaśca śreṣṭhaḥśca/ jyeṣṭhaśca śreṣṭhaḥśca svānāṃ bhavatyapi ca yeṣāṃ bubhūṣati ya evaṃ veda//'''*

yo ha vai vasiṣṭhāṃ veda vasiṣṭhaḥ svānāṃ bhavati/vāgvai vasiṣṭhā/ vasiṣṭhaḥ svānāṃ bhavatyapi ca yeṣāṃ bubhūṣati ya evaṃ veda//

yo ha vai pratiṣṭhāṃ veda pratiṣṭhati same pratiṣṭhati durge/ cakṣurvai pratiṣṭhā/ cakṣuṣā hi same ca durge ca pratiṣṭhati/ pratiṣṭhati same pratiṣṭhati durge ya evaṃ veda//

yo ha vai saṃpadaṃ veda saṃ hāsmai padyate yaṃ kāmaṃ kāmayate/ śrotraṃ vai saṃpat/ śrotre hīme sarve vedā abhisaṃpannāḥ/ saṃ hāsmai padyate yaṃ kāmaṃ kāmayate ya evaṃ veda//

yo ha vā āyatanaṃ vedāyatanaṃ svānāṃ bhavatyāyatanaṃ jānānām/ mane vā āyatanam/ āyatanaṃ svānāṃ bhavatyāyatanaṃ jānānām ya evaṃ veda//

yo ha vai prajātiṃ veda prājāyate ha prajayā paśubhiḥ/ reto vai prajātiḥ/ prajāyate ha prajay paśubhirya evaṃ veda//

11 *Pañca kho ime, Ānanda, kāmaguṇā. Katame pañca? Cakkhuviññeyyā rūpā iṭṭhā kantā manāpā piyarūpā kāmūpasaṃhitā rajanīyā; sotaviññeyyā saddā; ghānaviññeyyā gandhā; jivhāviññeyyā rasā; kāyaviññeyyā phoṭṭhabbā iṭṭhā kantā manāpā piyarūpā kāmūpasaṃhitā rajanīyā. ime kho, Ānanda, pañca kāmaguṇā. Yaṃ kho, ānanda, ime pañca kāmaguṇe paṭicca uppajjati sukhaṃ somanassaṃ idaṃ vuccati kāmasukhaṃ.*

（AN 3: 411; MN 1: 398; 3: 114；亦見 MN 1: 92；454，MN 2: 43, MN 3: 233，SN 4: 255）

參閱漢譯：「復次，阿難，有五欲功德，可樂意所念，愛色欲相應。眼知色，耳知聲，鼻知香，舌知味，身知觸，若比丘心至到，觀此五欲功德，隨其欲功德。」（T 1: 739b）

12 *ayampi bhikkhave kāmānaṃ ādīnavo sandiṭṭhiko dukkhakkhandho kāmahetu kāmanidānaṃ kāmādhikaraṇaṃ kāmānam eva hetu.*(MN 1:85-6)

13 *ātmaivedamagra āsit eka eva/ so 'kāmayata jāyā me syādatha prajāyeyātha vittaṃ me syādatha karma kurvīyeti/ etāvānvai kāmaḥ/ necchaṃścanāto bhūyo vindet/ tasmād apyetarhyekākī kāmayate jāyā me syādatha prjāyeyātha vittaṃ me syādatha karma kurvīyeti/sa yāvadapyeteṣāmekaikam na prāpnoti akṛtsna eva tāvanmanyate/ tasyo kṛtsnatā/ mana evāsyātmā/ vāgjāyā/ prāṇaḥ prajā/ cakṣurmānuṣam vittam/ cakṣuṣā hi tadvindate/ śrotraṃ daivam/ śrotreṇa hi tacchṛnoti/ ātmaivāsya karma/ ātmanā hi karma karoti/ sa eṣa pāṅkto yajñaḥ/ pāṅktaḥ paśuḥ/ pāṅktaḥ puruṣaḥ/ pāṅktam idaṃ sarvaṃ yadidaṃ kiṃ ca/ tad idaṃ sarvam āpnoti ya evaṃ veda//*

14 *sa yathorṇanābhistantunoccaredyathāgneḥ kṣudrā visphuliṅgā vyuccarantyevamevāmsmādātmanaḥ sarve prāṇāḥ sarve lokāḥ sarve devāḥ sarvāni bhūtāni vyuccaranti/ tasyopaniṣatsatyasyasatyamiti/ prāṇā vai satyaṃ tesāmeṣa satyam//*

15 上面有關蜘蛛跟蜘絲，以及火花跟火的關係之譬喻，為奧義書裡面極為典型而重要的論述進路之一。與此論述進路相關而最為有名的為悉婆多蓋杜・阿盧尼（Śvetaketu Āruṇeya）的故事（《歌者奧義書》第六章）。在故事裡面，悉婆多蓋杜的父親親自教導他認識宇宙真理之學，而對他提問說：「藉著它，則未曾聽聞的被聽見了，未曾想過的被想到了，未曾認識的被認識到了。你一定受教過這樣的一種替代學吧？」（*utatamādeśamaprākṣyo yenāśrutaṃ ṣrutaṃbhavatyamataṃmatam avijñātaṃ vijñātamiti*）悉婆多蓋杜對此一無所悉。他的父親乃從泥團（*mṛtpiṇḍa*）與泥製成品（*mṛnmayam*）之間的關係談起，說這兩者中的變化只是所說的名稱不同而已，真實不變者就是兩者皆為泥（*vācārambhaṇaṃ vikāro nāmadheyaṃ mṛttiketyeva satyam*）。並在最後歸結出如下的不朽名言：「汝就是那〔梵〕。」（*tat tvam asi*）。

16 見 Vin 1:1-2. Gonda 在其對「入處」的論文（Gonda: 1969），雖然花了十頁的篇幅討論佛教的「入處」思想，卻沒有察覺到佛教跟佛教之前對於這個名詞的使用在本體論及認識論上的差異之處。他相當單純地認為印度思想氣候有其延續性，忽略了關鍵字眼在印度宗教思想史上的轉變，以及這種轉變之可能意涵。

17 *Kātame ca bhikkhave paṭiccasamuppnnnā dhammā/ Jāramaraṇaṃ bhikkhave aniccaṃ saṅkhataṃ paṭiccasamuppannaṃ khayaddhammaṃ vayadhammaṃ virāgadhammaṃ nirodhadhammaṃ//*

18 *iyaṃ pṛthivī sarveṣāṃ bhūtānāṃ madhu/ asyai pṛthivyai sarvāṇi bhūtāṇi madhu/ yaścāyamasyāṃ pṛthivyāṃ tejomayo' mṛtamayaḥ puruṣaḥ yascāyamadhyātmaṃ śārīrastejomayo' mṛtamayaḥ puruṣo 'yameva sa yo'yam ātmā/ idamamṛtamidaṃ brahmedaṃ sarvam//*在這段文字之後，還論及水、火、風、空間、方位、電光、雷鳴，正法、真理、人類等事。裡面的行文方式，除了主詞易位之外，其他皆以如上之套語重述。

19 這種求梵之旅也就是初期奧義書裡面所提到的梵行生涯（*brahmacarya*）。有關初期奧義書的梵行相關概念及其意涵，可見筆者尚未公開出版的博士論文〈*Who is Brahmacārín and What is Brahmacárya? From the Mytho-Poetic to the Religio-Ethical: A New Interpretation of Early Indian Social-Intellectual History*〉第三章的詳細討論。

20 這種在大自然裡面尋求真理的情形，也跟沙門對於真理的看法有著極大差異。以初期佛教為例，追求真理所要求之梵行生活，因其所努力之目標是要從生滅現象所具體化身的萬事萬物中解脱，基本上並對於緣起緣滅之自然界現象並無任何追求上之興趣。

21 CU 4, 9:2.

22 *prācī dikkalā/pratīcī dikkalā/ dakṣiṇā dikkalā/ udīcī dikkalā/ eṣa vai……catuṣkalaḥ pādo brahmaṇaḥ prakāśavānnāma//* (CU 4, 5:2)

23 *pṛthivī kalā/ antarikṣaṃ kalā/dyauḥ kalā/ samudraḥ kalā/ eṣa vai……catuṣkalaḥ pādo brahmaṇo 'nantavānnāma//* (CU 4, 6:3)

24 agniḥ kalā/sūryaḥ kalā/ candraḥ kalā/ vidyutkalā/ eṣa vai……catuṣkalaḥ pādo brahmaṇaḥ jyotuṣmānnāma// (CU 4, 7:4)

25 *prāṇaḥ kalā/ cakṣuḥ kalā/śrotraṃ kalā/ namaḥ kalā/ eṣa vai……catuṣkalaḥ pādo brahmaṇaḥ āyatanavānnāma//* (CU 4, 8:3)

26 *ayaṃ kho me kāyo rūpī cātum-mahā-bhūtiko mātā-pettika-sambhavo odana-kummās-upacayo anicc-ucchādana-parimaddana-bhedana-viddhaṅsana-dhammo.*

27 *Katame c'āvuso cattāro mahābhūtā: paṭhavīdhātu āpodhātu tejodhātu vāyodhātu. Katamā c'āvuso paṭhavīdhātu: paṭhavīdhātu siyā ajjhattikā siyā bāhirā. Katamā c'āvuso ajjhattikā paṭhavīdhātu: yaṃ ajjhattaṃ paccattaṃ kakkhaḷaṃ kharigataṃ upādiṇṇaṃ, seyyathīdaṃ kesā lomā nakhā dantā taco maṃsaṃ nahāru aṭṭhī aṭṭhimiñjā vakkaṃ hadayaṃ yakanaṃ kilomakaṃ pihakaṃ papphāsaṃ antam antaguṇaṃ udariyaṃ karīsaṃ, yaṃ vā pan' aññam pi kiñci ajjhattaṃ paccattaṃ kakkhaḷaṃ kharigataṃ upādiṇṇaṃ, ayam vuccat'āvuso ajjhattikā paṭhavīdhātu. Yā c 'eva kho pana ajjhattikā paṭhavīdhātu yā ca bāhirā paṭhavīdhātu paṭhavīdhātur ev'esā. Tam: n' etaṃ mama, n'eso 'ham asmi, na meso attā ti evam etaṃ yathābhūtaṃ sammappaññāya daṭṭhabbaṃ. Evam etaṃ yathābhūtaṃ sammappaññāya disvā paṭhavīdhātuyā nibbindati, paṭhavīdhātuyā cittaṃ virājeti. Hoti kho so āvuso samayo yaṃ bāhirā apodhātu pakuppati, antarahitā tasmiṃ samaye bāhirā paṭhavīdhātu hoti.Tassā hi nāma āvusso bāhirāya paṭhavīdhātuyā tāva mahallikāya aniccatā paññāyissati, khayadhammatā paññāyissati , vayadhammatā paññāyissati, vipariṇāmadhammatā paññāyissati, kiṃ pan' imassa mattaṭṭhakassa kāyassa taṇhupādiṇṇssa ahan ti vā mamanti vā asmīti vā, atha khvāssa no t'ev' ettha hoti.* (MN 1: 185)

28 *tametaṃ vedānuvacanena brāhmaṇā vividiṣanti yajñena dānena tapasānāśakena/ etameva viditvā manurbhavati/ etameva pravrājino lokamiccantaḥ pravrajanti/*

etaddha sma vai tatpūrve vidvāṃsas prajāṃ na kāmayati/ kiṃ prajāya kariṣyāmo yeṣāṃ na 'yamātmāyaṃ loka iti/ te ha sma putraiṣaṇāyāśca vittaiṣaṇāyāśca lokaiṣaṇāyāśca vyutthāyātha bhikṣācaryaṃcaranti/ yā hyeva putraiṣṇā sa vittaiṣṇā/ yā vittaiṣṇā sā lokaiśṇā/ ube hyete eṣaṇe eva bhavataḥ/ 亦參照 BĀU 3,5: 1; 5, 14: 6; CU 2, 23: 1。

29 在《廣林奧義書》裡面（BĀU 4,3: 22），我們第一次見到沙門（*śramaṇa*，苦行者或遊行僧等出世修行者）這個字眼，雖然這並不必然指涉到與婆羅門對立之沙門思想運動。但這段文句在緊接沙門之後又提到苦行（*tapas*），顯然沙門跟苦行關係密切，也必然跟出家修行思想不可分離。雲井昭善認為沙門是佛陀時代對於婆羅門之外修行者一般的稱呼。包括了佛教、耆那教及邪命外道（*Ājīvika*）等教團之修行者（雲井，1997：890）。據此看來，初期奧義書跟初期沙門在時間上是有所重疊的。而這一點亦可由巴利佛典或漢譯阿含裡面所常提到「沙門婆羅門」（*samaṇa-brāhmaṇa*）此一併用詞彙見之。

30 有關信（*śraddhā*）與「答謝禮」（*dakṣiṇā*）之間關係的思想意涵，可參閱本書第四章的說明。

31 *yathākārī yathācārī tathā bhavati/ sādhukārī sādhurbhavati/ pāpakārī pāpobhavati/ puṇyaḥ puṇyena karmaṇā pāpaḥ pāpena/ atho khalvāhūḥ kāmamaya evāyaṃ puruṣa iti/ sa yathākāmo bhavati tatkraturbhavati/ yatkraturbhavati tatkarma kurute/ yatkarma kurute tadabhisaṃpadyate// tadeṣa śloko bhavati*

tadevasaktaḥ saha karmaṇaiti liṅgaṃ mano yatra niṣaktamasya/
prāpyāntaṃ karmaṇastasya yatkiṃceha karotyayam/
tasmāllokātpunaraityasmai lokāya karmaṇe//
iti nu kāmayamānaḥ

32 *Kammanā vattati loko, kmmanā vattati pajā, kammanibandhanā sattā rathassaāṇiva yāyato.*

33 *Kammasako kammadāyādo kammayoni kammabandhu kammapaṭisaraṇo, yam kammaṃ karissati kalyāṇaṃ vā pāpakaṃ vā tassa dāyādo bhavissati..*

34 由阿闍世王（梵：Ajātaśastra，巴利：Ajātasattu）這位初期印度歷史重要的人物同時出現於初期奧義書（BĀU 2, 1: 1-17）以及佛教和耆那教經典裡面之事，亦顯示出初期沙門時代跟初期奧義書時代在歷史上可能之重疊性。誠然，這裡面涉及古代印度之歷史意識及集體記憶等重大思想史議題，須另闢專文處理。然而由沙門思想跟婆門羅思想出現彼此辯難之情形看來，兩個時代顯然有諸多交集之處。

第三章

1 中村元便指出唯物論者的本體論跟其道德形上學之間的密切關聯，也就是說，哲學

上的唯物論提供了道德上的虛無主義論述的根據。（中村元，1991：114）

2 有關佛陀時代沙門思想之概況，可參閱拙著〈梵行為何必要：論佛教興起時代之宗教倫理思想〉，見《正觀》2013，61: 5-52。

3 *Bāle ca paṇḍite ca kāyassa bhedā ucchijjanti vinassanti, na honti param maraṇā ti.* (DN 1: 55)

4 *Cātum-mahābhūtiko ayaṃ puriso, yadā kālaṃ karoti pathavi-kāyaṃ anupeti anupagacchati, āpo āpo-kāyaṃ anupeti anupagacchati, tejo tejo-kāyaṃ anupeti anupagacchati, vāyo vāyo-kāyaṃ anupeti anupagacchati, ākāsaṃ indriyāni saṃkamanti. Āsandipañcamā purisā mataṃ ādāya, gacchati yāva āḷāhanā padāni paññāpenti, kāpotakāni aṭṭhīni bhavanti, bhassantāhutiyo.* (DN 1: 55)

5 *N' atthi …dinnaṃ n' atthi yiṭṭhaṃ n' atthi hutuṃ, n' atthi sukaṭa-dukkaṭānaṃ kammānaṃ phalaṃ vipāko, n' atthi ayaṃ loko n' atthi paro loko, n' atthi mātā n' atthi pitā, n' atthi sattā-opapātikā, n' atthi loke samaṇa-brāhmaṇā sammaggatā sammāpaṭippannā ye imañ ca lokaṃ parañ ca lokaṃ sayaṃ abhiññā sacchikatvā pavedenti.* (DN 1: 55)

6 有關佛教的身體用詞，初期奧義書裡面未曾出現之 *kāya* 一詞最為常見，可見這個用語在初期佛教的重要性；不過，在奧義書裡面最常出現的 *śarīra*（P. *sarīra*）也可見到，但其所使用之處主要是在對觀身不淨之論述上，由此亦可見出兩者對於身體之不同態度。另外，*ātman* 一詞則未曾見過，顯然佛教的無我論跟身體之間的關係剛好站在初期奧義書之對立面。從佛教與奧義書在身體用詞上的不同選擇上，或可看出兩者對於身體的差異看法與評價。性空法師（Dhammapipa）從佛教詮釋學的觀點對於 *kāya* 一詞做了如下解釋：「身（*kāya*）是『聚』、『群體』、『組合』，如頭髮、牙齒、指甲的組合。aya 在梵文裡意指『來』或出身的地方〔有待商榷〕，所有可厭惡的、不淨的東西都從身體出生，所以稱為『身』。」（性空法師，2005：76）以上引言，所指身乃為一聚合及染污之象徵。據此而言，則身不但包括人之身體，也可包括極端化約論者波拘陀迦旃延（Pakudha Kaccāyana）所提出地、水、火、風、樂、苦及命（靈魂）之所謂七身（*satta kāya*）之概念（DN 1: 56）。

7 *Caraṃ vā yadi vā tiṭṭhaṃ nisinno uda vā sayaṃ*
sammiñjeti pasāreti—esā kāyassa iñjanā.

Aṭṭhīnahārusaññutto tacamaṃsāvalepano
chaviyā kāyo paṭicchanno yathābhūtaṃ na dissati,

antapūro udarapūro yakapeḷassa vatthīno
hadayassa papphāsassa vakkassa pihakassa ca

siṃghāṇikāya khelassa sedassa medassa ca
lohitassa lasikāya pittassa ca vasāya ca.

Ath'assa navahi sotehi asuci savati sabbadā:
akkhimbhā akkhigūthako kaṇṇamhā kaṇṇagūthako,

siṅghāṇikā ca nāsāto mukhena vamat' ekadā
pittaṃ semhañ ca vamati, kāyamhā sedajallikā.

Atha'assa susiraṃ sīsaṃ matthajuṅgassa pūritaṃ,
subhato naṃ maññatī bālo avijjāya purakkhato.

Yadā ca so mato seti uddhumāto vinīlako
apaviddho susānasmiṃ anapekkhā honti ñātayo,

khādanti naṃ suvāṇā ca sigālā ca vakā kimī,
kākā gijjhā ca khādanti ye aaññe santi pāṇayo.

Sutvāna Buddhavacanaṃ bhikkhu paññāṇavā idha,
so kho naṃ parijānāti yathābhūtaṃ hi passati.

'Yathā idaṃ tathā etaṃ, yathā etaṃ tathā idaṃ,'
ajjhattañ ca bahiddhā ca kāye chandaṃ virājaye.

Chandarāgavaratto so bhikkhu paññāṇavā idha
ajjhagā amataṃ santiṃ nibbāna-padam accutaṃ.

Dipādako 'yaṃ asuci duggandho parihīrati
nānākuṇapaparipūro vissavanto tato tato.

Etādisena kāyena yo maññe uṇṇametave
paraṃ vā avajāneyya—kim aññatra adassanā ti.

8 *passa cittakataṃ bimbam arukāya samussitam/*
āturaṃ bahusamkappaṃ yassa n'atthi dhuvaṃ ṭhiti//
parijiṇṇam idaṃ roganiḍḍhaṃ pabhaṅguram/
bhijjati pūtisandeho maraṇantaṃ hi jīvitam//
yāni 'māni apatthāni alāpuneva sārade/
kāpotakāni aṭṭhīni tāni disvāna kā rati//
athīnaṃ nagaraṃ kataṃ māṃsalohitalepanam/
yattha jarā ca maccū ca māno makkho ca ohito//

9 *atho ayaṃ vā ātmā sarveṣām bhūtānāṃ lokaḥ/ sa yajjuhoti yadyajate tena devānāṃ lokaḥ/ atha yadanubrūte tenarṣiṇām/ atha yatpitṛbhyo nipṛṇāti yatprajāṃ icchate tena pitṛṇām/ atha yanmanuṣyānvāsayate yadebhyo'śanaṃ dadāti tena manuṣyāṇām/ atha*

yatpaśubhyastṛṇodakaṃ vindati tena paśūnām/ yadasya gṛheṣu śvāpadā vayāṃsyā pipīlikābhya upajīvanti tena teṣāṃ lokaḥ/

10 *ṣambādho gharāvāso rajo patho, abbhokāso pabbajjā. Na idaṃ sukaraṃ agāraṃ ajjhāvasatā ekantaparipuṇṇaṃ ekantaparisuddhaṃ saṅkhalikhitaṃ brahamcariyaṃ carituaṃ.* (DN 1: 63)

11 *Vammīko ti kho bhikkhu imass'etam cātummahābhūtikassa kāyassa adhivacanaṃ mātāpettikasambhavassa odanakummāsūpacayassa. aniccuchādana-parimaddana-bhedana-viddhaṃsanadhammassa.* (MN 1: 144)

12 必須提出來說明的是，正念或念（S. *smṛti*，原為憶念之意）在初期佛教所指的除了是一種專注力之外，還有精神上的警醒跟守護之意，跟後來大乘佛教之念佛名號等修行方式在根本上有著極大不同。正念在早期的修習方式基本上為念念勿失之受持。若以隨念佛或唸佛（P. *buddhānussati*, S. *buddhānusmṛti*）為例，則初期佛教的念佛思想跟解脫關係密切。修行者觀如來之身形與修行成就，期能獲致沙門果：「若有比丘正身正意，結跏趺坐，繫念在前，無有他想，專精念佛。觀如來形，未曾離目；已不離目，便念如來功德：如來體者，金剛所成，十力具足，四無所畏，在眾勇健。如來顏貌，端正無雙，視之無厭；戒德成就，猶如金剛，而不可毀，清淨無瑕，亦如琉璃。如來三昧，未始有減，已息永寂，而無他念……。如來慧身，智無崖底，無所罣礙。如來身者，解脫成就，諸趣已盡，無復生分，言我當更墮於生死。如來身者，度知見城，知他人根，應度不度，此死生彼，周旋往來生死之際，有解脫者，無解脫者，皆具知之。是謂修行念佛，便有名譽，成大果報，諸善普至，得甘露味，至無為處，便成神通，除諸亂想，獲沙門果，自致涅槃。」（《增一阿含經》卷二，T 2: 554a21-b7）而在大乘佛教，念佛思想則跟淨土及般若思想關係密切：「爾時阿彌陀佛，語是菩薩言；『欲來生我國者，常念我數數，常當守念，莫有休息，如是得來生我國。』佛言；『是菩薩用是念佛故，當得生阿彌陀佛國。常當念如是佛身，有三十二相悉具足光明徹照，端正無比在比丘僧中說經，說經不壞敗色。何等為不壞敗色？痛痒思想生死識，魂神地水火風，世間天上，上至梵摩訶梵，不壞敗色，用念佛故得空三昧，如是為念佛。』」（《佛說般若三昧經》行品第二，T 13: 905b11-b19）有關從初期佛教到大乘佛教念佛思想的轉變，可參閱 Harrison, 1978: 199。此外，Beyer（1977）認為大乘佛教對於阿彌佛陀或觀自在菩薩觀想及念名之事（*nāmadheya-grahaṇa*，稱名或執持名號）是受到印度教信奉（*bhakti*）運動的影響，特別是跟《薄伽梵歌》裡面所強調信者全心全意專注於觀想自在天的大能力作為有關。

13 *Kathaṃ bhāvitā ca, bhikkhave, ānāpānasati? Kathaṃ bahulīkatā? Kathaṃ mahapphalā hoti mahānisaṃsā? Idha, bhikkhave, bhikkhu araññagato vā rukkhamūlagato vā suññāgāragato vā nisīdati pallaṅkaṃ ābhujitvā ujuṃ kāyaṃ paṇidhāya parimukhaṃ satiṃ upatthapetvā. So sato va assasati, sato passasati; dīghaṃ vā assasanto: Dīghaṃ assasāmīti pajānāti; dīghaṃ vā passasanto: Dīghaṃ passasāmīti pajānāti; rassaṃ vā*

assasanto: Rassaṃ assasāmīti pajānāti; rassaṃ vā passasanto: Rassaṃ passasāmīti pajānāti: Sabbakāyapaṭisaṃvedī assasissāmīti sikkhati; Sabbakāyapaṭisaṃvedī passasissāmīti sikkhati; Passambhayaṃ kāyasaṃkhāraṃ assasissāmīti sikkhati...... Pītipaṭisaṃvedī assasissāmīti sikkhati...... Sukhapaṭisaṃvedī assasissāmīti sikkhati...... Cittasaṃkhārapaṭisaṃvedī assasissāmīti sikkhati......Passambhayaṃ cittasaṃkhāraṃ assasissāmīti sikkhati......Cittapaṭisaṃvedī assasissāmīti sikkhati...... Abhippamodayaṃ cittaṃ assasissāmīti sikkhati......Samādahaṃ cittaṃ assasissāmīti sikkhati...... Vimocayaṃ cittaṃ assasissāmīti sikkhati...... Aniccānupassī assasissāmīti sikkhati......Virāgānupassī assasissāmīti sikkhati...... Nirodānupassī assasissāmīti sikkhati...... Paṭinissaggānupassī assasissāmīti sikkhati......evaṃ bhāvitā kho, bhikkhave, ānāpānasati, evaṃ bahulīkatā mahapphalā hoti mahānisaṃsā.（MN 3: 82-83; 亦見 Ānāpāna Saṃyutta, in SN 5:311-312）

14 因為這篇文章的重點在討論佛教的身體觀，主要以身至念或身念的相關思想發展為探討對象，而沒有觸及身至念與四念處或四念住（*cattāro satipaṭṭhānā*）之間的關係。由巴利文本看來，身至念與四念處在實踐內容上的差異並不明顯，所以關則富認為：「四念處與念身其實是同一實踐方法，由於對經驗世界的分析理論有所差異而形成兩種表達方式。這種理論上的差異只是詳略或用詞有別，在實質的觀念上並無二致。」（關則富，2007：5）

15 *saṃvuto pātimokkhasmiṃ indriyesu ca pañcasu,*
satī kāyagatā ty-atthu, nibbidābahulo bhava.(Sn v. 340)

16 *cakkhunā saṃvaro sādhu, sādhu stoena saṃvaro/*
*ghānena saṃvaro sādhu, sādhu jivhāya saṃvaro//*v. 360
kāyena saṃvaro sādhu, sādhu vācāya smvaro/
manasā saṃvaro sādhu, sādhu sabbattha saṃvaro/
*sabbattha saṃvuto bhikkhu sabbadukkhā pamuccati //*v. 361
vācānurakkhī manasā susaṃvuto kāyean ca akusalaṃ na kayirā/
ete tayo kammapathe visodhaye ārādhaye maggam isippaviditaṃ // v. 281

17 *supppabuddhaṃ pabujjhanti sadā gotamasāvakā*
yesaṃ divā ca ratto ca niccaṃ buddhagatā sati//
supppabuddhaṃ pabujjhanti sadā gotamasāvakā/
yesaṃ divā ca ratto ca niccaṃ dhammagatā sati//
supppabuddhaṃ pabujjhanti sadā gotamasāvakā/
yesaṃ divā ca ratto ca niccaṃ saṃghagatā sati//
supppabuddhaṃ pabujjhanti sadā gotamasāvakā/
yesaṃ divā ca ratto ca niccaṃ kāyagatā sati// (Dhp vs. 296-299)

18 *Yo Sītavanaṃ upāgā bhikkhu eko santusito samāhitatto vijitāvi apetalomahaṃso rakkhaṃ kāyagatāsatiṃ dhitīmā 'ti.* (Th v. 6)

19 *Buddho ca me varaṃ dajjā sa ca labbetha me varo/*
gaṇhe 'ham sabbalokassa niccaṃ kāyagatāsatiṃ// (Th v. 468)

20 *tatpratiṣṭhetyupāsīta/ ptatiṣṭhāvānbhavati/ tanmaha ityupāsīta/ mahān bhavati/ tanmana ityupāsīta/ mānavānbhavati/ tannama ityupāsīta namyamte 'smai kāmāḥ/ tad brahmetyupāsīta/ brahmavānbhavati/*

21 *Puna ca paraṃ bhikkhave bhikkhu imaṃ eva kāyaṃ uddhaṃ pādatalā adho kesamatthakā tacapariyantaṃ pūrannānappakārassa asucino paccavekkhati: Atthi imasin kāye kessā lomā nakhā dantā taco maṃsaṃ nahāru aṭṭhī aṭṭhimiñjā vakkaṃ hadayaṃ yakanaṃ kilomakaṃ pihakaṃ papphāsaṃ antaṃ antaguṇam udariyaṃ karīsaṃ , pittaṃ semhaṃ pubbo lohitaṃ sedo medo assu vasā kheḷo siṅghāṇikā lasikā muttan-ti. Seyyathā pi bhikkhave ubhatomukhā mutoḷī pūrā nānāvihitassa dhaññassa, seyyathīdam: sālinaṃ vīhīnaṃ muggānaṃ māsānaṃ tilānaṃ taṇḍulānaṃ tam enaṃ cakkhumā puriso muñcitvā paccavekkheyya……eva kho bhikkhave bhikkhu imam eva kāyaṃ……pūrannānappakārassa asucino paccavekkhati.* （MN 1: 57, 亦參見 DN 2: 293）

22 *yaṃ kiñci samudayadhammaṃ sabbaṃ taṃnirodadhamman ti yathābhūtaṃ pajānati.* (SN 4: 193)

第四章

* 本文曾稍加改寫，發表於《台灣宗教研究》第 16 卷第 1 期（2017 年 6 月）。

1 在此並沒有將 Bhakti 譯成日本學界所通用的「信愛」，主要是因為在《薄伽梵歌》所見到之初期 Bhakti 思想中，並未明顯看到對於自在天「愛」的部分。有關 Bhakti 在印度中後期信愛思想之具體發展情況，可參閱 Holdrege, 2015。

2 *sadeva somyedam āsīdekamevādvitīyam/taddhaika āhurasadevedamagra āsīdekamevādvitīyam/ tasmādasataḥ sajjāyata/*
kutastu khalu somyaivaṃ syāditi hovāca/ kathamasataḥ sajjāyeteti/ sattveva somyedamagra āsīdekamevādvitīyam/

3 *brahma vā idamagra āsidekameva/ tadekaṃ sannavyabhavat/ tacchreyo rūpamatyasṛjata kṣatraṃ yānyetāni devatrā kṣatrāṇīndro varuṇo somo rudraḥ parjanyo yamomṛtyurīśāna iti/ tasmātkṣatrātparaṃ nāsti/*

4 *yadaitamanupaśyatyātmānaṃ devamañjasā/*
īśānaṃ bhūtabhavyasya na tatas vijugupsate//

5 *tadyathā rathsyāreṣu nemirarpitā nābhāvarā arpitā evamevaitā bhūtamātrāḥ prajñāmātrāsvarpitāḥ prajñāmātrāḥ prāṇe 'rpitāḥ/ sa eṣa prāṇa eva prajñātmānando 'jaro 'mṛto nasādhunā karmaṇā bhūyanbhavati no evāsadhunā kanīyān/eṣa hyeva sadhu karma kārayatitaṃ yamebhyo lokebhya unninīṣate/ eṣa u evāsādhu*

karmakārayati taṃ yamadho nunutsate/ eṣa lokapālaḥ/ eṣa lokādhipatiḥ/ eṣa lokeṣaḥ/ sa ma ātmeti vidyātsa ma ātmeti vidyāt//

6 *nicco dhuvo sassato avipariṇāmadhammo sassatisamaṃ.* (DN 1:18)

7 *Aham asmi Brahmā Mahābrahmā abhibhū anabhibhūto aññadatthudaso vasavattī issaro kathā nimmātā seṭṭho sañjitā vasī pitā bhūtabhavyānaṃ.* (DN 1: 18)；參閱漢譯阿含:「我於此處是梵，大梵，我自然有，無能造我者，我盡知諸義，典千世界，於中自在，最為尊貴，能為變化，微妙第一，位眾生父，我獨先有，餘眾生後來，後來眾生，我所化成。」（T 1:89 b-c）看來，自在天最先出現時是跟梵天，而非後來的濕婆結合。從奧義書思想的觀點來看，這種發展相當合理，因為從梵到梵天之改變最為簡單，只涉及 *brahman* 在詞意上面的轉換而已。不過這個詞義上轉變的影響卻相當深遠。

8 Jayatilleke 在其談論初期佛教知識理論的專書裡面提到，尊祐論或神為論者（*issarakāraṇavādin*）所持的觀點為：人不必為其行為負責，因其不過是神意志之工具，唯有神才能負責（Jayatilleke, 1963: 410-411）。據此而論，則自在天思想在初期佛教興起時所代表的意義雖然跟道德倫理之論述有關，然其依賴神之思想，跟後來印度教在宗教救度上之追求卻有其關聯性。

9 *anejad ekaṃ manaso javīyo nainad devā āpnuvan pūrvamarṣat/*
tad dhāvato'nyān atyeti tiṣṭhat tasminn apo mātariśvā dadhāti//
tad ejati tannaijati taddūre tadantike/
tadantarasya sarvasya tad u sarvasyāsya bāhyataḥ//
yastu sarvāṇi bhūtānyātmanyevānupaśyat/
sarvabhūteṣu cātmānaṃ tato na vijugupsate//

10 若根據 Hauschild 對於《白騾奧義書》文本的考定，其成書年代大概介於公元前 100 年與公元前後之間（Hauschild, 1927: 74）。Olivelle 則更為籠統地說可能是公元前最後幾世紀的作品（Olivelle, 1998: 13）。由其跟大乘佛教菩薩思想的關聯看來，《白騾奧義書》或《自在奧義書》的成書年代皆先於大乘之發軔，亦即公元之前。

11 *yadātmatattvena tu brahmatattvaṃ dīpopameneha yuktaḥ prapaśyet/*
ajaṃ dhruvaṃ sarvatattvairviśuddhaṃ jñātvā devaṃ mucyate sarvapāśaiḥ//
eṣa ha devaḥ pradiśo'nu sarvāḥ pūrvo hi jātaḥ sa u garbhe antaḥ /
sa eva jātaḥ sa janisyamāṇaḥ pratyaṅ janāṃs tiṣṭhati sarvatomukhaḥ//
yo devo agnau yo apsu yo viśvaṃ bhuvanamāviveśa/
yo auṣadhīṣu yo vanaspatiṣu tasmai devāya namo namaḥ//

12 *ya eko jālavānīśata īśanibhiḥ sarvāṃllokānīśata īśanībhiḥ/*
ya evaika udbhave saṃbhave ca ya etadviduramṛtāste bhavanti//
eko hi rudro na dvitīyāya tasthe ya imāṃllokānīśata īśanībhiḥ/
pratyaṅ janāṃstiṣṭhati saṃcukocāntakāle saṃsṛjya viśvā bhvanāni gopāḥ//
tataḥ paraṃ brahmaparaṃ bṛhantaṃ yathānikāyaṃ sarvabhūteṣu gūḍham/

viśvasya ekaṃ pariveṣṭitāramīśaṃ taṃ jñātvā amṛtā bhavanti//
yasmātparaṃ nāparaṃasti kiṃcityasmānnāṇīyo na jyāyo'sti kiṃcit/
vṛkseva stabdho divi tiṣṭhatyekastenedaṃ pūrṇaṃ puruṣeṇa sarvaṃ//
tato yaduttaratataraṃ tadarūpamanāmayam/
ya etadviduramṛtāste bhavanti athetare duḥkhamevāpiyanti//
sarvānanaśirogrīvaḥ sarvabhūtaguhāśayaḥ/
sarvavyāpī sa bhagavāṃstasmātsarvagataḥ śivaḥ//
mahānprabhurvai puruṣaḥ sattvasyaiṣa pravartakaḥ/
sunirmalāmimāṃ prāptimīśano jyotiravyayaḥ//

13 值得注意的是，在《薄伽梵歌》裡面，阿周那稱黑天說：「您是不滅者，有亦無有，而超越有無。」（*tvam akṣaraṃ sadasattatparaṃ yat*, 11: 37d）對於宇宙開始有無之冥想在此轉為對自在天超絕特質之敘述，相當清楚地看出印度思想從吠陀宇宙生成論到印度教神觀的一些象徵符號之轉移。

14 Flood 說《白騾奧義書》是：「將樓陀羅提到至高存有自在天之神學，祂雖然超越卓絕，卻有宇宙生成作用，就好像後來傳承之濕婆一樣。」（Flood, 1996: 153）

15 參閱黃柏棋，2016。

16 必須要指出的是，此一惟一或獨一神觀跟唯一真神信仰（monotheism）有顯著不同。唯一真神信仰裡面的上帝，若以雅威為例，其身體是不可、也無法加以具像化的對象，因為祂是完全超越而無化身可言。自在天則具備千變萬幻的能力，可隨時化身拯救眾生。由對身體變幻與神威之關聯想像可看到身體對於自在天的必要性及重要性。在《薄伽梵歌》第十一章裡面，黑天現身讓阿周那看到其身體（*deha*）極其希有（atyadbhuta）的各種形貌（*rūpa*），讓阿周那心生畏怖，完全是一種不可思議體驗之場景。值得一提的是 Panikkar 在其重要的宗教對話著作《印度教中未知的基督》（*The Unknown Christ of Hinduism*）裡面，不但對自在天在印度宗教的歷史及神學意義做了深入而切題的考察，並與商羯羅（Saṃkāra）《梵經》（*Brahmasūtra*）的論述跟基督神學做了重要對話。特別是在書中第三章第七節談到不二論（*advaita*）與三位一體的問題時，Panikkar 對 īśvara、īśa 及 īśāna 等字作了相當簡要而精闢的論述，並認為在《白騾奧義書》裡面，神 — 也就是自在天 — 被提高到獨一無二（*eka deva*）的地位（Panikkar: 1981: 148-149）。他也提到自在天雖然於此被升為宇宙創造主、統治者等地位，但仍與自我、梵與原人等概念關係密切。（Panikkar: 1981: 149）

17 佛教學者往往從內部發展的角度來看大乘佛教之興起。然而，大乘佛教這麼重大而根本的思想變革，其中原因應該跟大環境的改變脫離不了關係，而印度教的興起應該是其中一項重要的觸媒劑。誠然，佛教於此時刻也可像耆那教一樣，採取保守的態度。不過，一旦採取改革，則整個佛教思想也產生了根本上之變異。大乘佛教之興起形同一次佛教宗教思想與實踐上的革命。

18 《薄伽梵歌》應該是比《白騾奧義書》要來的晚之作品，主要是因為裡面不再對自在天身分源頭加以驗明正身與辦護。自在天在《薄伽梵歌》中變為地位確定，走到人間的導師。顯然，此時的印度教對於自己之再出發已有著無比信心。原先認為兩個作品應是同時代的 Basham（1966, 406: n. 49），後來也認為《薄伽梵歌》應是稍晚出世之印度教經典。（Basham, 1990: 82）

19 *kaviṃ purāṇam anuśāsitāraṃ/*
aṇor aṇīyāṃsam anusmared yaḥ//
sarvasya dhātāram acintyarūpaṃ/
ādityavarṇaṃ tamasaḥ parastāt// (8.9)
此外，《薄伽梵歌》中有關瑜伽行者選擇修行地點之說明（6:11）跟《白騾奧義書》（2:10）中的敘述頗為相似。看來，《白騾奧義書》跟瑜伽論述也有不可分離關係。事實上，《白騾奧義書》一開始即提到對於唯一神冥想之事（1:3）。而《瑜伽經》（*Yogasūtra*）裡面也一再提出對於自在天之冥想可獲致三摩地（*samādhi*）之敘述（1: 24, 25 ,27；2: 1, 45）。顯然，自在天的出現對印度宗教思想有其關鍵性之影響。

20 *vedāhametaṃ puruṣaṃ mahantamādityavarṇaṃ tamasaḥ parastāt/*
tameva viditvāti mṛtyumeti na anyaḥ panthā vidyate'yanāya//

21 *īśvaraḥ sarvabhūtānāṃ hṛddeśerjuna tiṣṭhati /*
bhrāmayan sarvabhūtāni yantrārūḍhāni māyayā //
tam eva śaraṇaṃ gaccha sarvabhāvena bhārata /
tatprasādāt parāṃ śāntiṃ sthānaṃ prāpsyasi śāśvatam //

22 *yo yo yāṃ yāṃ tanuṃ bhaktaḥ śraddhayārcitum icchati /*
tasya tasyācalāṃ śraddhāṃ tām eva vidadhāmy aham //
sa tayā śraddhayā yuktas tasyārādhanam īhate /
labhate ca tataḥ kāmān mayaiva vihitān hi tān//
antavat tu phalaṃ teṣāṃ tad bhavaty alpamedhasām/
devān deva-yajo yānti madbhaktā yānti mām api//

23 *yo mām ajam anādiṃ ca vetti lokamaheśvaram/*
asaṃmūḍhaḥ sa martyeṣu sarvapāpaiḥ pramucyate//
mayy āveśya mano ye māṃ nitya-yuktā upāsate//
śraddhayā parayopetās te me yuktatamā matāḥ //

24 *kasminnu yajñaḥ pratiṣṭhati/ dakṣiṇāyāmiti/ kasminnu dakṣiṇā pratiṣṭhati/ śraddhāyāmiti/ yadāhyevaśraddhatte'tha dakṣiṇāṃ dadāti//śraddhāṃ hyeva dakṣiṇā pratiṣṭhati/ kasminnu śraddhā pratiṣṭhati/ hṛdaya iti hovāca/ hṛdayenahi śraddāṃ jānāti/hṛdaye hyeva śraddhā pratiṣṭhatitā bhavatīti/*

25 *kāmaḥ saṃkalpo vicikitsā śraddhāśraddhā dhṛtiradhṛtirhrīrdhīrbhīrityetatsarvaṃ manas eva/*

26 此一施主支付祭司行祭祀之酬勞在佛教被稱為「信施」（*saddhādeyyāni*）。顯然在初期佛教也有相當婆羅門依此營生：*Yathā vā pan' eke bhonto samaṇa-brāhmaṇā saddhā-deyyāni bhojanāni bhuñjitvā te evarūpaṃ sannidhikāra-paribhogaṃ anuyuttā*

viharanti -- seyyathīdaṃ annasannidhiṃ pāna-sannidhiṃ vattha-sannidhiṃ yāna-sannidhiṃ sayana-sannidhiṃ gandha-sannidhiṃ āmisa-sannidhiṃ -- iti vā iti evarūpā sannidhi-kāra-paribhogā paṭivirato Samaṇo Gotamo ti.（又有一些沙門婆羅門受享信施之食，其生活熱衷於受用所積蓄物品，方式如下：積累食、飲、衣、車、床、香料、美味等。沙門瞿曇避開如是享受積蓄。）（DN 1: 6）參見漢譯：「如餘沙門、婆羅門受他信施，更求儲積，衣服飲食無有厭足，沙門瞿曇無有如此事。」（T 1: 9a）

27 在《薄伽梵歌》裡面，我們又再一次見到 *dakṣinā* 及 *śraddhā* 之間的連結：

> *vidhihīnam asṛṣṭānnaṃ mantrahīnam adakṣiṇam/*
> *śraddhāvirahitaṃ yajñaṃ tāmasaṃ paricakṣate//* (17: 13)
> 不照規定行事，不發食品，不念真言，沒有答謝禮，
> 缺乏信心，稱為暗性者的祭祀。

此處所談的 *śraddhā* 看來還是跟祭祀行為有關，只是這種祭祀可能既沒有信心亦沒有信仰，而其他祭祀之條件也沒有到位，所以是完全走了樣的祭祀。於此，*śraddhā* 為祭祀得以發揮其作用的條件之一，跟包括答謝禮之其他條件並列，以顯示祭祀之完整作為。顯然，*śraddhā* 做為祭祀要件之一的意義極為根本。

28 *sattvānurūpā sarvasya śraddhā bhavati bhārata /*
śraddhāmayo 'yaṃ puruṣo yo yachraddhaḥ sa eva saḥ//
yajante sāttvikā devān yakṣarakṣāṃsi rājasāḥ/
pretān bhūtagaṇāṃś cānye yajante tāmasā janāḥ //

29 *śraddhāvān anasūyaśca śṛṇuyād api yo naraḥ/*
so 'pi muktaḥ śubhāṃl lokān prāpnuyāt puṇyakarmaṇām//

30 *reyān dravya-mayād yajñāj jñānayajñaḥ paraṃtapa /*
sarvaṃ karmākhilaṃ pārtha jñāne parisamāpyate//
tad viddhi praṇipātena paripraśnena sevayā /
upadekṣyanti te jñānaṃ jñāninas tattvadarśinaḥ //
yaj jñātvā na punar moham evaṃ yāsyasi pāṇḍava /
yena bhūtāny aśeṣeṇa drakṣyasy ātmany atho mayi //

第五章

* 本文曾稍加改寫，發表於《正觀》第78期（2016年9月號），71-112 頁。

1 觀自在對於整個亞洲宗教史影響深遠，茲舉以下數書供參考。東南亞部分可參閱 Chutiwongs, 2003；南亞斯里蘭卡可參閱 Holt, 1991；西藏方面可參考 Kapstein, 1992；中國部分則參閱 Yü, Chün-fang, 2001（或中文翻譯：于君方，2009）。由於本文論述之著眼點在於佛教與印度教之思想互動，故主要以 Avalokiteśvara 做為參照對象。

2 Kern 認為 *avalokita* 之意義跟 *dṛṣṭa* 或 *pratyakṣa* 一樣，為「見」或「可見」。他認為此一過去分詞轉為中性名詞，而將之譯為「觀見之主」（the lord of view, of regard），也就是菩薩隨處可現，因此在需要或危難時可加懇求。Kern 還認為此一複合詞可與濕婆之名號 *dṛṣṭiguru*（「見之師」，Master of view）來相比擬。見 Kern, 1884: 407, n.2。由玄奘之翻譯看來，他將此一複合詞當成依主釋。

3 為何只有在漢譯佛典出現觀音或觀世音（Avalokita-svara）的翻譯呢？這是一個歷史懸案，可參閱齋藤（2011, 2013）與辛嶋（1997）等人的考察。不過，觀自在的名稱對於熟悉佛典的譯者或僧眾並非不知情，試舉以下兩例。

> 玄應在其《一切經音義》卷五談到《觀世音菩薩授記經》時說：「觀世音，梵言阿婆盧吉低舍婆羅，此譯云觀是自在，舊譯云觀世音或言光世音，並訛也。又尋天竺多羅葉本，皆云舍婆羅，則譯為自在。雪山已來，經本皆云娑婆羅，則譯為音，當以舍婆。兩聲相近，遂致訛失也。」
>
> 事實上，鳩摩羅什亦知觀音為「觀自在」。在其弟子僧肇的《注維摩詰經》中提到：「什曰：世有危難，稱名自歸，菩薩觀其音聲即得解脫也。亦名『觀世念』，亦名『觀自在』也。」（T 38: 331a）

此一歷史公案，難以了斷。是不是如 Studholme 所言（Studholme, 2002: 58），乃由 Avalokitasvara（觀音）轉為 Avalokiteśvara（觀自在）之過程？恐怕未必見得。因為吾人在《法華經》裡面所見到的菩薩，其身分特質已完備大自在之神變與濟世本領，佛教自在天顯然已經出世了。又，是不是自在天的思想跟佛教的緣起論嚴重牴觸（見下文），所以才將之譯為觀音或觀世音？

4 在大乘佛教國度裡，比方說西藏，國王常被比擬為兼具慈悲與智慧之菩薩（*byang-chub-sems-dpa'*，特別是觀自在）化身，為度眾生苦厄的救世聖君（Kapstein, 2000: 32-37；141-162）。國王本身就是菩薩，王權與教權則被想像成為一體。試以五世達賴《西藏王臣記》（*Bod kyi deb ther dpyid kyi rgyal mo'i glu dbyangs*）裡面對於松贊干布的敘述為例：

> 世間自在菩薩，現為人主〔松贊干布〕之相，化導群生，其智慧千光，能徹照一切所知之境，縱毫末之愚昧無知，亦可消除盡淨。然為順應淺慧眾生之心機，正確執行政教法令，治理王政，王心思維，文字乃眾德知本。
>
> *rje btsun 'jig rten dbang phyug mi rje'i tshul gyis 'gro bo skyong bar shes bya thams cad la lkog tu gyur pa'i mun pa mkhyen pa'i 'od stong gis cha tsam yang med par bsal na'ng/ blo dman gyi 'kro ba'i snang ngo dang 'tsham pa'i phyir du/rgyal srid lugs zung gi khrims rnam par dag las 'dzin pa la yi ge 'di yon tan thams cad kyi rtsa bo lta bur dgongs nas/*（《西藏王臣記》：27；劉力千譯，15 頁）

事實上，在 12、13 世紀的伏藏（*gter-ma*）作品《瑪尼寶冊》（*Maṇi bKa'-'bum*）中

即已出現松贊干布為觀自在化身之信仰，要比上述五世達賴（1617-1682）的論說來的更早，其乃承續此一論述傳統。有關《瑪尼寶冊》之觀自在信仰以及其與松贊干布化身的關係，參見 Kapstein, 1992。而由《瑪尼寶冊》看來，觀自在是西藏的守護神，松贊干布則為觀自在之化身及西藏佛法的奠基者。此外，松贊干布的神性以及其神性對於西藏的眷顧則被視為立基於宇宙的本質所在。（Kapstein, 1992: 83-84）於此，我們可以見到觀自在不但提供西藏宗教信仰，也同時提供了政治上的重要資源，如達賴喇嘛被視為觀自在的化身亦可佐證。而這種情形也顯示出大乘佛教，不管在宗教上或政治上都走向人間的重大改變。顯然，初期佛教強烈的出世（*lokottara*）傾向並未能提供政治面上神聖意義資源，這點也可以由斯里蘭卡的觀自在——其在蘭卡被稱為「世間自在護主」（*lokeśvara nātha*）或「護主」（*nātha*）來看出。而護主更在 14-15 世紀時，成為護主神（*nātha deviyo*），意即國家之守護神。由菩薩變為跟印度教自在天——包括毗濕奴等神祇並列為護國之神——其所代表的世俗（*laukika*）與政治意涵，可說不言而喻。（Holt, 1991）

5 就觀自在菩薩的不同身分而言，其做為獨立救世主（independent savior）的角色最為突出。（Yü, 2001: 32）。這也顯示其與自在天關係密切。基於此一考量，在眾多與觀自在相關的大乘佛典裡，本章選了初期的《妙法蓮華經．普門品》與後期的《佛說大聖莊嚴寶王經》做為論述的主軸。而有關觀自在形象與內在特質等問題並沒有觸及。有關這方面的論述，可參閱于君方的大作《觀音》（Yü, 2001；于君方，2009）。

6 *Mukha* 固然有「門」的意思，但主要為顏面或口面之意，於此是指面向的意思。「門」實在無法讓人看出顏面或面向的意思。與門相關的梵語主要應為 *dvāra* 而非 *mukha*。Kern 將 *Samantamukha* 譯為”That of the All-Sided One”（「一切面向者」）。綜觀整個篇章之敘述，觀自在固然廣開大門，讓尋求庇護之信眾得以歸依。然其無所不在之神奇救度能力，可能才是通篇佛品所要宣揚之重點。

7 *bhagavān.......etadavocat-santi......lokadhātavaḥ yeṣvavalokiteśvaro bodhisattvo mahāsattvo buddharūpeṇa sattvānāṃ dharmaṃ deśayati/ santi lokadhātavaḥ, yeṣvavalokiteśvaro bodhisattvo mahāsattvo bodhisattvarūpeṇa sattvānāṃ dharmaṃ deśayati/......keṣāṃcid brahmarūpeṇāvalokiteśvaro bodhisattvo mahāsattvaḥ sattvānāṃ dharmaṃ deśayati/keṣāṃcicchakrarūpeṇāvalokiteśvaro bodhisattvo mahāsattvaḥ dharmaṃ deśayati/......īśvaravaineyānāṃ sattvānāmīśvararūpeṇa, maheśvaravaineyānāṃ sattvānāṃ maheśvararūpeṇa dharmaṃ deśayati/* (*Saddharmapuṇḍarīkasūtram*: 444-445)

8 *chandāṃsi yajñāḥ kratavo vratāni bhūtaṃ bhavyaṃ yacca vedā vadanti/*
asmānmāyī sṛjate viśvametattasmiṃścānyo māyayā saṃniruddhaḥ//
māyāṃ tu prakṛtiṃ vidyānmāyinaṃ tu maheśvaram/
tasyāvayavabhūtaistu vyāptaṃ sarvaṃidaṃ jagat//

9 *yo brahmarupī jagatāṃ vidhātā sa eva pātā dvijaviṣṇurupī /*
kalpāntarudrākhyatanuḥ sa devaḥ śete'ṅghripānastamajaṃ bhajāmi //

10 *ivasvarupī śivabhakti bhājāṃ yo viṣṇurupī haribhāvitānām /*
saṃkalpapūrvātmakadehahetustameva nityaṃ śaraṇaṃ prapadye //

11 *Idha bhikkhave ariyasāvako saddho hoti, saddahati tathāgatassa bodhim.*（SN 5: 196-197）參閱漢譯：「云何名為信根？所謂賢弟子，信如來道法。」（T 2: 779a）

12 *Saddāya tarati oghaṃ, appamādena aṇṇvavaṃ, viriyena dukkham acceti, paññāya parisujjhati.*（Sn v. 184; SN 1: 214）參閱漢譯：「信能度諸流，不放逸度海，精進能除苦，智慧得清淨。」（T 2:161 a-b）

13 *Saddhāyāhaṃ pabbajito agārasmā anagāriyaṃ,*
sati paññā ca me vuḍḍhā cittañ ca susamāhitaṃ.
kāmaṃ karassu rūpāni, n' eva maṃ byādhayissasīti.//（Th v. 46，參閱 SN 1: 120）

14 有關菩薩思想的發展，可參閱 Basham, 1981。大乘佛教的菩薩觀跟初期（或上座部）的菩薩觀相差甚大，當然不排除 Basham 在文中所說的，有來自基督教或伊朗拜火教的可能影響（Basham, 1981: 38-44）。然而，以佛教跟印度教或婆羅門思想長期在印度互動與競爭的情形來看，來自印度教的影響應該最具關鍵性。

15 Warder 亦有如下的看法：

> 在一些大乘經典裡……吾人發現佛陀變成宇宙至高之主，正如在同一時期，讚揚溼婆或毗濕奴為創世者及宇宙統治者而取得重大勝利的神論宗教一樣。……在大乘佛教，慈悲菩薩之典型，以觀自在為始……這跟在困難之時與予無助個人安全保障之社會理想中的保護主不無關聯。……新系統的主要好處看來在於：做為一位謙卑的懇求者，很容易贏得協助與保護。（Warder, 1980: 374-375）

16 *Sacet……kaścideva vadhyotsṛṣṭo'valokiteśvarasya bodhisattvasya mahāsattvasyākrandaṃ kuryāt, tāni teṣāṃ vadhyaghātakānāṃ śastrāṇi vikīryeran/ sacet khalu punaḥ……ayaṃ trisāhasramahāsāhasro lokadhāturyakṣarākṣasaiḥ paripūrṇo bhavet, te'valokiteśvarasya mahāsattvasya nāmadheyagrahaṇena duṣṭacittā draṣṭumapyaśaktāḥ syuḥ/ sacetkhalu punaḥ……kaścideva sattvo dārvāyasmayairhaḍinigaḍabandhanairbaddho bhavet, aparādhyanaparādhī vā, tasyāvalokiteśvarasya bodhisattvasya mahāsattvasya nāmadheyagrahaṇena kṣipraṃ tāni haḍinigaḍabandhanāni vivaramanuprayacchanti/ īdṛśaḥ……avalokiteśvarasya bodhisattvasya mahāsattvasya prabhāvaḥ//* (*Saddharmapuṇḍarīkasūtram*: 439-440)

17 *yannāmasaṃkīrttanato gajendro grāhograbandhānmumuce sa devaḥ /*
virājamānaḥ svapade parākhye taṃ viṣṇumādyaṃ śaraṇaṃ prapadye //

18 *ye tu sarvāṇi karmāṇi mayi saṃnyasya matparāḥ /*
ananyenaiva yogena māṃ dhyāyanta upāsate//
teṣām ahaṃ samuddhartā mṛtyusaṃsārasāgarāt /
bhavāmi na cirāt pārtha mayy āveśitacetasām //

19 *evametadyathāttha tvamātmānaṃ parameśvara/*
draṣṭum icchāmi te rūpamaiśvaraṃ puruṣottama//
manyase yadi tac chakyaṃ mayā draṣṭum iti prabho/
yogeśvara tato me tvaṃ darśayātmānam avyayam//

20 在此可以拿玄奘在《大唐西域記》裡面經常提到 7 世紀印度佛教信眾對觀自在之禮拜場景來相互參照。而觀自在信仰之展現風貌，可由上面玄奘所提之「威靈潛被，神跡昭明，法俗相趨，供養無替。」見出。看來，其時之觀自在信仰相當重要而且極為盛行，而觀自在之威靈及神跡讓信眾折服不已。其信眾也包括出家比丘，眾人爭相供養，拜觀自在成了佛教僧俗之共同信仰。於此，觀自在的神威已經是信眾心中所深信不疑之事，菩薩成了信眾有求必應的神祇。然而，觀自在之出家眾信者可能並非要跟菩薩請示出世佛法，而應是有關自身福禍以及其他迷津之指點等世間事。如此看來，中世印度佛教因為新神觀之導入，在信仰形態上有了極大的改變。

此一對觀自在之信仰跟靈驗與否有關，而從對觀自在供養不絕的情形看來，所求結果應該極其應驗。（亦見卷十奔那伐彈那國：「去此不遠復有精舍，中作觀自在菩薩像，神鑒無隱，靈應有徵，遠近之人，絕粒祈請。」〔T 51: 927b〕）對其造像膜拜與祈願，可說是信者最常見的信奉方式。另外，「心誠則靈」，信者不但得其所求，甚至菩薩本身會顯相，讓持戒信者信服，並得到莫大慰藉。（卷三迦濕彌羅國：「中有觀自在菩薩立像。其有斷食誓死為期願見菩薩者，即從像中出妙色身。」〔T 51: 887c〕；又，卷九摩伽陀國下：「樹林郁茂，明花清流，被崖緣壑。上多精舍靈廟，頗極剞劂之工。正中精舍有觀自在菩薩像，軀量雖小，威神感肅，手執蓮花，頂戴佛像。常有數人，斷食要心，求見菩薩，七日、二七日、乃至一月，其有感者，見觀自在菩薩，妙相莊嚴，威光赫奕，從像中出，慰喻其人。」〔T 51: 925c〕）。上述對觀自在神奇力量之靈驗信仰，也跟初期佛教對於佛法僧之歸依信仰方式完全不同。

21 *paśya me……rūpāṇi śataśo'tha sahasraśas/*
nānāvidhāni divyāni nānāvarṇākṛtīni ca//
paśyādityānvasūnrudrānaśvinau marutastathā/
bahūnyadṛṣṭapūrvāṇi paśyāścaryāṇi…//
ihaikasthaṃ jagatkṛtsnaṃ paśyādya sacarācaram/
mama dehe……yaccānyaddraṣṭumicchasi//

22 *viśvatomukha* 亦出現於《白騾奧義書》（4: 3）。顯然，這些相關字眼之隱喻皆跟自在天或普世救度者的意象有關。

23「印度教的宇宙論（cosmology）不知從無造有（*creation ex nihilo*）之事，創造之行動一直被視為從造物者身體所投射出之事。造物者，不管其名為何，從其實體來做放射（*sṛj*）或產生，生出（*jan*）或塑造（*mā + nis; takṣ +nis*）之事。因此之故，每一印度教創世紀不得不設定創造及創造者之間在實體上之同一性。因創造者的創造之舉，其實體只不過轉成另一種狀態而已。這點……在原人歌已被默認。」（Oertel,

1994: 283） Oertel 所論，就吠陀創世紀而言誠為的論。不過，自在天思想的出現，即是要避免這種創造為創造者之延續的創世紀困局，這是相當重要的一步，也是印度教救度觀的立論基礎。

24 *atha sarvanīvaraṇaviṣkambhī bhagavantametadavocat - kīdṛśī tvayā bhagavan guṇodbhāvanā śrutā? etāḥ sarvā pravadatām / vijñarāja bhagavan me prabodhaya, yādṛśī tvayā bhagavan guṇodbhāvanā āryāvalokiteśvarasya bodhisattvasya mahāsattvasya śrutā // bhagavānāha cakṣuṣościandrādityāvutpannau, lalāṭānmaheśvaraḥ, skandhebhyo brahmādayaḥ, hṛdayānnārāyaṇaḥ, daṁṣṭrābhyāṃ sarasvatī, mukhato vāyavo jātāḥ, dharaṇī pādābhyām, varuṇaścodarāt / yadaite devā jātā āryāvalokiteśvarasya kāyāt"* (*Candrādyutpattirnāma*, Vaidya: 264-5)

25 自在天之出現當然也有其重要政治意涵。若以近東神話做為參照對象，則此時的印度顯然已非吠陀時代的部落政體，而是有著獨立王權意識的時代。以大自在天名號出現的濕婆顯然成了重要的王權象徵，而印度教廟宇祭祀的出現亦顯示出其與王權之間的密切關係。參閱 Fuller, 1992: 106-127.

26 *athāryāvalokiteśvaro bodhisattvo mahāsattvo maheśvaraṃ devaputrametadavocat - bhaviṣyasi tvaṃ maheśvaraḥ kaliyuge pratipanne / kaṣṭasattvadhātusamutpanna ādideva ākhyāyase sraṣṭāraṃ kartāram, te sarvasattvā bodhimārgeṇa viprahīṇā bhaviṣyanti, ya īdṛśapṛthagjaneṣu sattveṣu sāṃkathyaṃ kurvanti//*

ākāśaṃ liṅgamityāhuḥ pṛthivī tasya pīṭhikā /
ālayaḥ sarvabhūtānāṃ līlayā liṅgamucyate // (Vaidya: 265)

27 *Yāva kīvañca me bhikkhave imesu catusu ariyasaccesu evaṃ tiparivattaṃ dvādasakāraṃ yathābhūtaṃ ñāṇadassanaṃ na suvisuddham ahosi neva tāvāham bhikkhave sadevake loke samārake sabrahmake sasamaṇabrāhmaṇiyā pajāya sadevamanussāya anuttaraṃ sammāsambodhim abhisambuddho ti paccaññāsiṃ.* (SN, 5: 422-423) 參閱漢譯：「我於此四聖諦，三轉十二行，不生眼智明覺者，我終不得於諸天、魔、梵、沙門、婆羅門、法眾中，為解脫為出離，亦不自證阿耨多羅三藐三菩提。」（T 2: 104a）

第六章

1 *avadātavastradhārī śramaṇeryāpathasaṃpannaḥ / gṛhavāsasthitaḥ kāmadhāturūpadhā tvārūpyadhātvasaṃsṛṣṭaḥ / bhāryāputradārāṃś ca saṃdarśayati, sadā ca brahmacārī / parivāraparivṛtaś ca bhavati, sadā ca vivekacārī / ābharaṇavibhūṣitaś ca saṃdṛśyate, sadā ca lakṣaṇaparicchinnaḥ / annapānabhojanajīvaḥ saṃdṛśyate, sadā ca dhyānāhāraḥ / sarvadyūtakaraśālāsu ca saṃdṛśyate, dyūtakrīḍāsaktacittāṃś ca satvān paripācayati, sadā cāpramādacārī / sarvapāṣaṇḍapratyeṣakaś ca / buddhe cābhedyāśayaḥ / sarvalau*

kikalokottaraśāstravidhijñaś ca / sadā ca dharmārāmaratirataḥ / sarvasaṃgaṇikāsu ca saṃdṛśyate, sarvatra cāgrapūjitaḥ//(Vkn 2.3) 參閱鳩摩羅什譯文：「雖為白衣，奉持沙門清淨律行；雖處居家，不著三界；示有妻子，常修梵行；現有眷屬，常樂遠離；雖服寶飾，而以相好嚴身；雖復飲食，而以禪悅為味；若至博弈戲處，輒以度人；受諸異道，不毀正信；雖明世典，常樂佛法；一切見敬，為供養中最。」（T 14: 539a）

2 以印度思想史的觀點視之，在馬鳴以梵語宮廷詩來書寫《佛所行讚》（*Buddhacarita*）時，初期佛教的出世氛圍已經有了極大的改變。原先在上座部佛典所看到的有關佛陀對於出世真理念茲在茲在之陳述，已經做了極大調整，而把佛陀出世之前的在家生活做了詳細敘述，並且以描寫入世情色（*śṛṅgāra*）的美文體（*kāvya*）來加莊嚴（*alaṃkāra*）。整個入世生活所代表的意義有了顯著改變。佛教必須更為嚴肅地來看待這個世界，因為世間已不再為全然不淨之象徵。出世與入世已不再斷然對決，世間甚至變成未來救世者成長的一個重要處所。而世間歡樂不再被單純加以排斥，成了菩薩救世所必須面對之歷練。《佛所行讚》第二章的最後一個偈頌如下：

> 然而， 一切菩薩生性無與倫比，在了解欲樂，生子後，前往林中，
> 因此，儘管功德累積，因緣成熟，他依然享受欲樂，直到達到覺悟。
> *vanam anupamasattvā bodhisattvāstu sarve viṣayasukharasajñā jagmur utpannaputrāḥ/*
> *ata upacitakarmā rūḍhamūle'pi hetau sa ratim upasiṣeve bodhimāpan na yāvat //*

看來，馬鳴在此所持之「入世修行」態度跟整個時代思潮之改變有著重大的關係。入世與修行生活並非是不能妥協的兩極，兩者之間不再存在無法跨過之鴻溝。在人世間的種種考驗變成了出世之必要準備。入世生活與出世價值兩者被同樣賦與書寫價值。馬鳴的宮廷詩已為後來更進一步之菩薩思想預留了重要的空間。

3 *Jñājñau dvāvajāvīśāvajā hyekā bhoktṛbhogyārthayuktā/*

4 *tvaṃ strī tvaṃ pumān asi tvaṃ kumāra uta vā kumārī/*

5 *ajāmekāṃ lohitaśuklakṛṣṇāṃ bahvīḥ prajāḥ sṛjamānāṃ sarūpāḥ/*
ajo hy eko juṣamāṇo'nuśete jahāty enāṃ bhuktabhogām ajo 'nyaḥ//

6 密續在亞洲宗教史所書寫出的重要一頁可從 White 所編 *"Tantra in Practice"* 一書（White, 2000）看出。此書裡面收錄了印度、尼泊爾、西藏、中國和日本之密續譯本，而密續內涵的豐富性及多樣性可從其文類不但包括宗教原典及傳授用著作，也包括詩歌，戲曲甚至星象猜測等看出。事實上，密續不但對印度教和佛教產生深遠影響，甚至耆那教和印度之伊斯蘭都受其其影響。值得一提的是，一直至 19 世紀都還有密續作品的出現。

7 若以佛教思想是由大乘佛教再到真言宗的發展情形做為參照對象看來，則信奉運動似乎在密續運動之前。然而，若考慮信奉運動的大眾化傾向，而密續修持則事關專業宗教修持的話，則信奉運動走在前面乃是一件自然的事。由上面所引維摩詰的例子看來，大乘佛教的超越二元對立思想，事實上已經暗示密續實踐之存在可能。密續實踐之出現只是早晚之事。而由兩者都跟新神觀不可分離的情形看來，印度教在

這上面具有主導力量。

8 『密教之行者們，他們以獨自的實踐方法，讓密教諸本尊也在冥想當中生出，自己本身體驗到與特定的本尊變為一體。這樣的實踐方式，以日本密教得用語來說，則稱之為「本尊觀」或「入我我入觀」。印度文獻則稱為「本尊瑜伽」（*devatāyoga*）。』（森雅秀，2011：200）

9 有關印度中世文學對於密續行者之豐富想像，可參閱 Huang, 2009。

10 *āvīlae pavīlae nippīlae, jahittā puvva-saṃjogaṃ, hiccā uvasamaṃ/ tamhā avimaṇe vīre sārae samie sahie sayā jae/ duraṇucaro maggo vīrāṇaṃ aṇiyaṭṭagāmīṇaṃ/ vigiñca maṃsa-soṇiyṃ/ esa purise davie vīre āyāṇijje viyāhie/ je dhuṇai samussayaṃ vasittā bamchaceraṃsi/* 有關耆那教清淨修行觀，可參閱 Jaini, 1979。

11 *pubbaruhirasaṃpuṇṇo gūthakūpe nigāḷhiko āpopaggharaṇī kāyo sadā sandati pūtikaṃ.*

12 有關拙火的概念，請參閱 Silburn, 1988。

13 *madyaṃ māṃsaṃ tathā matsyaṃ mudrā maithunameva ca/*
śaktipūjāvidhāvādye pañcatattvaṃ prakīrtitam//
pañcatattvaṃ vinā pūjā abhicārāya kalpate/
neṣṭasiddhirbhavettasya vighnastasya pade pade//
śilāyāṃ śasyavāpe ca yathā naivāṅkuro bhavet/
pañcatattvavihīnāyāṃ pūjāyāṃ na phalodbhavaḥ//

14 *apeyamapi peyaṃ syādabhakṣyaṃ bhakṣyam eva ca/*
agamyamapi gamyaṃ syāt kaulikānāṃ kuleśvari//

15 *yogī cennaiva bhogī syād bhogī cennaiva yogavit/*
bhogayogātmakaṃ kaulaṃ tsamāt sarvādhikaṃ priye//

16 *alimāṃsāṅganāsaṅge yat sukhaṃ jāyate priye/*
tadeva mokṣo vuduṣāmabudhānāṃ tu pātakam//

17 有關灌頂及其相關意涵，可參閱森雅秀，2011：168-198。基本上，做為一入門儀式，灌頂跟婆羅門儀禮思想有著密切關係。而原來反對婆羅門儀式思想——因其跟家居生活不可分開——的初期佛教，到了真言宗時代，乃有了重大的改變。儀軌之修持在密續裡面是最為根本、核心而不可或缺的部分。

18 參閱 Flood, 2002: 29; 2006: 108-113；引田弘道，1997：197-201。

19 對於真言化身之詳細說明，參見 Padoux, 1980；另參見 Padoux, 2002: 178-186；引田弘道，1997：201-204。此一儀式並不見於佛教成就法的修持中。

20 "Pṛthivī-Bīja--Laṃ"，見 *The Great Liberation*: 104: n. 6。

21 「海底輪蓮花，二瓣在性器宮之下，二瓣在肛門之上。」（*The Great Liberation*: 104: n. 7）

22 「將字母或天女之身置於成就者的身體。」（*The Great Liberation*: 106: n. 1）對此真言化身的說明，參見 Padoux, 1980: 87-89。

23 「他對此世界宣說此真言。」（*The Great Liberation*: 106: n. 2）

24 「也就是說，辯才天女（Sarasvatī）為字母的起源。」（*The Great Liberation*: 106: n. 5）

25「最後用力送氣的 h 音是在字母之末出現，是 Kīlaka（橛子，閂）之末。Kīlaka 的字面意思是木樁、柵欄。」（*The Great Liberation*: 106: n. 8）

26 *āpādaśīrṣaparyantamāplāvya tadanantaram/*
utpannaṃ bhāvayeddehaṃ navīnaṃ devatāmayam//
pṛthvībījaṃ pītavarṇaṃ mūlādhare vicintayan/
tena divyāvalokena dṛḍhīkuryānnijāṃ tanūm//
hṛdaye hastamādāya oṃ hrīṃ kro haṃsa uccaran/
so'ham mantreṇa taddehe devyāḥ prāṇān indhāpayet//
bhūtaśuddhiṃ vidhāyetthaṃ devībhāparāyaṇaḥ/
samāhitamanāḥ kuryāt mātṛkānyāsamambike//
mātṛkāyā ṛṣirbrahmā gāyatrīchanda īritam/
devatā mātṛkā devī bījaṃ vyañjamasaṃjñakam//
svarāśca śaktayaḥ sargaḥ kīlakaṃ parikīrtitam/
lipinyāse mahādevi viniyogaprayogitā/
ṛṣinyāsaṃ vidhāyaivaṃ karāṅganyāsamācaret//

27 仙人真言化身、及肢體真言化身（或稱 *karāṅganyāsa*），參見 Padoux, 1980: 81-87。仙人真言化身、手真言化身及肢體真言化身是印度教密續行者「每日修法」（*pūjā, nityapūjā*）的部分。

28 *nyāyopārjitavittānām aṅgesu viniveśanāt/*
sarvarakṣakarād devi nyāsa ity abhidhīyate//
在這裡，*nyāsa* 成了 *nyāya* 及 *sarva* 兩個詞彙之前面字母（nyā+sa），按照梵書以來的文字戲法，被刻意放在一起所造成的結果。此為標準之婆羅門式文字遊戲。

29 *saṃśuddhavigraho mantrī mantranyāsaṃ samācaret/ yena vinyastamāntreṇa devadevasamo bhavet/ pūjādau sarvakāryāṇāṃadhikāraśca jāyate/ yaṃ kṛtvā nirbhayastiṣṭheddeśe duṣṭasamākule/ vijayaścāpamṛtyūnāṃ syādyena vihitena ca/*

第七章

1 在這方面，斯里蘭卡可說是南亞文化中的一個異數。Bechert 說：「斯里蘭卡……是很早就開始有史料編纂傳統，而一直至近代都沒有中斷過的唯一南亞國家。在另一方面，大陸印度所為人熟知的便是：在穆斯林首度入侵之前，沒有嚴格意義上的歷史文獻。」（Bechert, 1978:1）值得一提的是，斯里蘭卡的編年史（*vaṃsa*）可能跟佛教的傳入有著不可分離的關係。相較於印度教並無所謂的創教者，佛教的肇始者卻是一位歷史人物。斯里蘭卡的編年史緊扣住與佛陀和阿育王的特殊政教關係，雖然裡面記載有歷代王國的起落，然而佛教在蘭卡的興亡榮辱卻也是其中的另一個論說主軸。以巴利語寫成的編年史中，最具代表性的是《大史》（*Mahāvaṃsa*）。而

《大史》中所關注的並非只是如何來呈現歷史事實，而有其更具雄心的使命：斯里蘭卡應為一保護佛法（*sāsana*）的王國，而其命運跟佛教的盛衰緊密地結合在一起。此一佛教與斯里蘭卡榮辱與共的書寫前提，深具意義。Steven Collins 以救贖史（*Heilsgeschichte*）（ Collins, 1998: 255）來界定巴利編年史的敘述手法，顯然有其一定的説服力。

2 「從紀元 600 年到 1200 年間，佛教與耆那教，因為其所立基的商業資本之沒落而衰退，與之相對，立基於農村的印度教，則見到顯著地成長。」（インド思想史：147。此部分為前田專學所寫。）

3 法經（Dharmasūtra）的作者並沒有討論神意裁判這個問題。Alberuni 在其約於公元 1030 年所完成《印度誌》（*Kitab ta'rika al-Hind*, Alberuni, 2001）裡邊談到印度的訴訟制度（第七十章）時，也討論了神意裁判。顯然，在這四百年之間（《大唐西域記》成書於公元 646 年），神意裁判還是持續地被中世印度法庭所加利用。

4 *puruṣaṁ somyota hastagṛhītamānayanti/apāhārṣīt steyamakārṣīt paraśumasyai tapateti/ ya yadi tasya kaṛtā bhavati tata evānṛtamātmānaṃ kurute so 'nṛtābhisaṃdho 'nṛtenātmānamantardhāya paraśuṃ taptaṃ pratigṛhṇāti/ sa dahyate/ athahanyate// atha yadi tasyākartā bhavati/ tata eva satyātmānaṃ kurute/ sa satyābhisaṃdhaḥ satyenātmānamantardhāya paraśuṃ taptaṃ pratigṛhṇāti/ sa na dahyate/ atha mucyate//*

5 「此處所談之事，很明顯的是印度歷史上，最早提到以火之神意裁判來確定被告是否有罪的例證之一。」（Olivelle, 1998: 563）

6 *sa yathā tatra nādāhyeta/ etatātmyam idam sarvam/ tatsatyam/ sa ātmā/ tattvamasi śvetaketo iti/*

7 根據 Patrick Olivelle 的説法，《摩奴法論》約成書於紀元 2 世紀，《毗濕奴法典》則約於 7 世紀完成，《夜婆伽法典》成書於 4-5 世紀，而《那羅陀法典》則為 5-6 世紀作品（Olivelle, 2010:57）。而 Olivelle 在其最新出版的《正法讀本》（*A Dharma Reader*）書中，則將《摩奴法論》的成書年代修正為 2 世紀中葉（Olivelle, 2017: 73）。

8 Julius Jolly 在其所譯的《那羅陀法典》中對於對於神意裁判的過程，做了相當詳細的註解，有助於吾人對於印度神意裁判之理解。見 Jolly, 1889: 100-120 裡面的註釋部分。Robert Lingat 在其有關印度古典律法的著作（1993）裡面，也對《那羅陀法典》有著極高的評價（Lingat, 1993:102-103），除了稱讚其明晰性與精確性之外，亦稱其「專門處理法論裡面的司法部分，也就是是訴訟案件（*vyavahāra*），而將有關宗教、神聖風俗與贖罪懲罰部分放在一旁。」（Lingat, 1993: 103）在本文裡面，《那羅陀法典》做為其他法典語意不明時，主要之參考對象。

9 《那羅陀法典》（*Nāradasmṛti*）對於秤審有較為詳細的敘述，可見 Jolly, 1889: 102-108。有關秤審之有罪無罪的認定。玄奘所言 「虛則人低石舉，實則石重人輕。」看來跟法論所言相左。根據 Jolly 對此審判過程所做的補充説明，假如他秤起來比第一次輕的話，就可以獲釋，若為等重或較重的話，便被宣判為有罪。此外，《那羅陀法典》稱假如秤的繩索斷了，或橫桿裂開等，則被告當庭被宣判為無罪。

10 火審所涉及是兩隻手是否被燒傷，所以被告是先用雙手來承接火球，再捧著火球往前走，因為兩手都綁上無花果的葉子。這項神意裁判看來比較確定些，法論對此之相關關敘述所差別只是要劃多少圓圈，走多遠的問題（《那羅陀法典》認為要劃上八圈）。

11 關於射箭相關事宜，《那羅陀法典》認為要射出三支箭。而在射出第二支箭之後，得派遣一位快腿者至落箭處，在他抵達落箭處時，再從此處送回一位快腿者至被告入水之處。假如被告此時尚沒水於中，則被宣告無罪。（vyavahārapada 20: 25-26）亦可參考 Jolly 對水審所做之解說（Jolly, 1889: 111 註釋）。從射箭等所花的時間等看來，《那羅陀法典》所敘述的比較長些，是否較為合理些則有待考察。

12 《那羅陀法典》除了談到毒審所適用的時間及對象之外，並述及喜馬拉雅角樹（śārṇga）的特性及被告所服用的劑量，以及服用過後的處置措施（Jolly, 1889: 114-116）。看來，毒審做為一神意裁判，需先掌握對毒藥的相關知識。

13 神水審裡面最為奇特是因為國王而遭致不幸也被當成一樣判決標準。此處的 *rājātaṅkam* 可指承受由國王而來之肉體上的痛苦或精神上的煎熬。而《毗濕奴法典》則使用 *rājadaivikam* 一詞，意為因王命而遭不幸。看來，這種飛來橫禍為一重大意外而被列入判準。《那羅陀法典》並未提及此一判準。

14 *pramāṇām likhitam bhuktiḥ sākṣiṇaśceti kīrtitam/*
eṣāmanyatamābhāve divyānyatamamucyate// (2: 22)

15 *tulāgnyāpo viṣaṃ kośo divyānīha viśuddhaye/*
mahābhiyogeṣvetāni śīrṣakasthe 'bhiyoktari// (2: 98)

16 *rucyā vānyataraḥ kuryāditaro vartayecchiraḥ/*
vināpi śīrṣakāt kuryād rājadrohe 'tha pātake// (2: 99) 叛國或弒君罪採用神意裁判的原因可能是：這項罪名往往牽涉到複雜權力鬥爭之事，訴之神意來做判定，似乎是一項阻力較少的選項。

17 *nikṣepasteyeṣvarthaprāmāṇaṃ* (9: 3)

18 *suvarṇārdhone kośo deyaḥ śūdrasya* (9: 10) 蘇瓦納字義為黃金，在《毗濕奴法典》第四章對於印度度量單位加以說明。印度主要以黃金跟白銀以及銅做度量單位。就金的度量單位而言，三顆大麥種子為一 Kṛṣṇala，五 Kṛṣṇala 等於一 Māṣa，十六 Māṣa 等於一 Survaṇa 或 Karṣa。中文將 Karṣa 譯為兩或一兩。

19 *suvarṇārdhone kośo deyaḥ śūdrasya* (9: 10)

20 *dviguṇe 'rthe yathābhihitā samayakriyā vaiśyasya// triguṇe rājanyasya//*
kośavarjaṃ caturguṇe brāhmaṇasya//(9: 12-14)

21 *strībrāhmāṇavikalāsamartharogiṇāṃ tulā deyā.* (*Viṣṇusmṛti:* 9: 23)

22 *na kuṣṭhyasamarthalohakārāṇāmagnirdeyaḥ.* (9: 25)

23 *na kuṣṭhipaittikabrāhmaṇānāṃ viṣaṃ deyam.* (9: 27)

24 *na śleṣmavyādhyarditānāṃ bhīruṇāṃ śvāsakāsināmambhujīvināṃ codakam.* (9: 29)

25 *na nāstikebhyaḥ kośo deyaḥ.* (9: 31)

26 *mahāparādhe nirdharme kṛtaghne klībakutsite/*
nāstikavrātyadāseṣu kośapānaṃ vivarjayet //(vyavahārapadāni, 20:45)

27 Alberuni 為何以穆斯林身分能見到印度教廟宇裡面所舉行神水裁判是一個讓人感到好奇的文題，在此我無法加以論斷。不過比起玄奘，Alberuni 所做之敘述看來的確像是第一手觀察的紀錄。

28 *satyena mābhirakṣasva varuṇety abhiśāpya kam/* 有關伐樓那跟水的特別關係，可參閱 Lüders 的相關說明。（Lüders,1959: 9-56）

後語

1 Bouillier, V. et Tatabout, G. eds. 2002. *Images du corps dans le monde hindou.* Paris: CNRS.

參考文獻

一、中日文

《大正新脩大藏經》（簡稱大正藏）100 冊：1934。台北新文豐翻印。電子版：中華佛典電子佛典協會（CBETA）。

《聖經》中文和合本。

《大唐西域記校注》，1985。季羨林等編。北京：中華書局。

玄應撰，徐時儀校，2008。《一切經音義——三種校本合刊》。上海：古籍出版社。

于君方，2009。《觀音——菩薩中國化的演變》。陳懷宇等譯。台北：法鼓文化。

五世達賴喇嘛著，劉力千譯，1992。《西藏王臣記》。拉薩：西藏人民出版社。

性空法師（Dhammadipa），2006。《念處之道．大念處經講記》。嘉義：香光書鄉（再版）。

關則富，2007。〈從佛教對經驗世界的分析探討念身與四念處的理論基礎與一致性〉，《正觀》，41：5-32。

黃柏棋，2013。〈梵行為何必要：論佛教興起時代之宗教倫理思想〉，《正觀》，61：5-52。

———，2016。〈菩薩與救度——從觀自在之興起看佛教與印度教之互動〉。《正觀》，78：71-112。

黃寶生〔譯〕，2010。《奧義書》。北京：商務印書館。

郭良鋆〔譯〕，1990。《經集》。北京：中國社會科學出版社。

饒宗頤〔編譯〕，1991。《近東開闢史詩》。台北：新文豐。

雲井昭善，1967。《仏教興起時代の思想研究》。京都：平樂寺書店。

1997。《パーリ語仏教語辞典》。東京：山喜林佛書房。

中村元，1991。《思想の自由とジャイナ教》。中村元選集第10卷。東京：春秋社。

辛嶋靜志，1997。（法華經の文献学的研究（二）：觀音 Avalokitasvara の語意解釋）。《創価大學国際仏教學高等研究所年報》2: 39-66。

齋藤明，2011。（觀音（観自在）と梵天勸請）。《東方學》，122：1-12。

———，2013。（觀音（觀自在）と觀音經——鳩摩羅什の謎をめぐって）。《法華仏教と関係諸文化の研究：伊藤瑞叡博士古稀記念論文集》：179-189。東京：山喜房佛書林。

早島鏡正、高崎直道、原實、前田專學著，1982。《インド思想史》。東京：東京大學出版會。

引田弘道，1997。《ヒンドゥータントリズムの研究》。東京：山喜房佛書林。

森雅秀，2011。《インド密教の儀礼世界》。京都：世界思想社。

二、藏語、巴利語、梵語與半摩伽陀語

Ācārāṅgausūtra. Erster Śrutaskandha, Text, Analyse und Glossar. Schubring. 1910. W. Leipzig: F. A, Brockhaus.

Aṅguttara Nikāya. Ed. R. Morris. 6 vols. (PTS 1885-1910). Vol. VI, Indexes by M. Hunt and Ms. C.A.F. Rhys Davids, Trans. Bhikkhu Bodhi (Wisdom, 2012)

Atharva Veda Sanhita. Eds. R. Roth and W. D. Whitney. 1985. Berlin: Ferd. Dümmler's.

Bod kyi deb ther dpyid kyi rgyal mo'i glu dbyangs. 1967: Varanasi.

Bṛhadāraṇyaka Upaniṣad. With Commentary of Śaṅkarācārya and the Gloss of Ānanda Giri. Ed. Röer. 1848. Calcutta.

Bṛhannāradiya Purāṇa. 1975. Ed. Pandit Hrishikesh Shastri, Chowkhamba Amarbharati Prakashan, Varanasi.

Aśvaghoṣa's Buddhscarita or Acts of the Buddha. Complete Sanskrit Text with English Translation. Ed. and trans. By E. H. Johnston. First published Lahore 1936. Repr. 2004. Delhi: Motilal Banarsidass.

Chāndogya Upaniṣad. With Commentary of Śaṅkarācārya and the Gloss of Ānanda Giri. Ed. Röer. 1850. Calcutta.

Dhammapada. 1994. Eds. O. von Hinüber amd K. R. Norman. PTS.

Dīgha Nikāya. Eds. T. W. Rhys Davids and J. E. Carpenter. 3 vols. (PTS 1890-1911). Trans. T. W. and C. A. F. Rhys Davids(SBB 2-4, 1899-1921.)

Īśa Upaniṣad. With the commentaries of Śaṃkara, Ānandagiri, Śaṃkarānanda, etc. 1888. Poona: Ānandāśrama Sanskrit Series.

Jayākhyasaṃhitā of the Pāñcarātra Āgama, ed. by E. Krisnamacharya. Gaekward's Oriental Series, No. 54. Baroda. 1931. 2nd edition, 1967.

Kāraṇḍavyūha Sūtra. In Mahāyāna-Sūtra-Saṃgraha. Edited by P. L. Vaidya. 258-308. Barbhanga: Mathila Institute. 1961.

Kauṣītaki Upaniṣad. Ed. With Śaṃkarānanda's Commentary and an English Translation by Cowell. 1861. Calcutta: C. B. Lewis, Baptist Mission Press.

Kulārṇava Tantra. Text with English Translation. 1999. by R. K. Kumar. Varanasi: Prachya Prakashan.

The Mahābhārata. 1933-66, critically ed. by V. S. Sukthankar and others, 19 vols. Poona: Bhandarkar Oriental Research Institute.

Mahānirvāṇa Tantra. With the Commentary of Hariharanannda Bharati. Ed. by Avalon. A. Reprinted. 1989. Delhi: Motilal Barnarsidass.

Majjhima Nikāya. Eds. V. Trenckner and R. Chalmers. 3 vols. PTS 1888. Trans. R. Chalmers. (SBB 5-6, 1926-27)

Māṇḍūkya Upaniṣad. Ed. With Gau ap da-K rik by R. D. Karmakar. Reprint. 1973. Poona: Bhandarkar Oriental Research Institute.

Manusmṛti with the Commentary of Kullūkabhaṭṭa. 1983. Delhi: Motilal Banarsidass.

Narāda Smṛti. 2003. Critical Edition and Translation by Richard Livriviere. Delhi: Motilal Banasidass.

Principles of Tantra. (2 parts) *The Tantratattva of Śriyukta Śiva Chandra Vidyārṇava Bhattachārya Mahodaya* 1991. Ed. J. Woodroffe. 7th edition. Madras: Ganesh & Co.

Die Hymen des Rigveda. 2 vols. 1877. Ed. Th. Aufrecht. Bonn 1877. Reprinted Wiesbaden 1968.

Rig Veda. A Metrically Restored Text with an Introduction and Notes. 1994. Eds. B. A. van Nooten and G. B. Holland. Cambridge, Mass.: Harvard University Press.

Saddharmapuṇḍarīkasūtram. Eds. by H. Kern and Bunyiu Nanjio. 1908.

St. Péterbourg Académic Impériale des Science.

Saṃyutta Nikāya. Ed. M. L. Feer. 6 vols. (PTS 1884-98). Trans. C. A. F Rhys Davids and F. L. Woodward (PTS 1917-30)

The Śatapatha Brāhmaṇa in the Mādhyansina Śākhā. Ed. A. Weber. Berlin/London. 1855. (Reprrinted. Benares 1964.)

Sutta–Nipāta. Eds. D. Anderson and H. Smith (PTS 1913). Trans. Fausböll (SBE 10, 1881)

Śvetāśvatara Upaniṣad. With the commentaries of Śaṃkara, Śaṃkarānanda, Nārāyaṇa and Vijñabhagavat. 1966. Poona: Ānandāśrama Sanskrit Series 17.

Taittirīya Upaniṣad. With the commentaries of Śaṃkara, Ānandagiri, Śaṃkarānanda and Nārāyaṇa. 1929. Poona: Ānandāśrama Sanskrit Series 12.

The Thera- and Therī-gāthā: stanzas ascribed to elders of the Buddhist order of recluses. 1999. Eds. H. Oldenberg and R. Pischel. Oxford: PTS.

Āryavimalakīrtinirdeśo Nāma Mahāyānasūtram (Vimalakīrtinirdeśa) 1981. Eds. L. M. Joshi and Bhiksu Pasadika. Sarnath: Central Institute of Higher Tibetan Studies,

Viṣṇusmṛti with the Commentary Keśavavaijayantī of Nansapaṇḍita. 1964. Ed. By V. Krishnamacharya. 2 vols. Chennai: The Adyar Library and Research Centre.

The Yajñavalkyasmṛti with the Commentary Bālakrīda of Visvarūpāchārya. 1982. Ed. by M. T. Sastri. 2nd edition. Delhi: Munshiram Manoharlal.

三、西文

Alberuni's India. 2001. Edited with Notes and Indices by Edward. C. Sachau. (Vols 1 & 2 bound in one) Delhi: Munshiram Manoharlal.

Anālayo, Bhikkhu. 2003. *Satipaṭṭhāna. The Direct Path to Realization*. Cambridge: Windhorse.

Angot, M. 2002. "Les Corps et leurs doubles. Remarques sur la notions de corps dans les *Brāhmaṇa*." In *Images de Corps dans le Monde Hindou*: 101-134. Eds. Bouillier, V. and Tarabout, G. Paris: CNRS éditions.

Bartlett, R. 1986. *Trial by Fire and Water: The Medieval Judicial Ordeal.* Oxford: Oxford University Press.

Basham, A. 1966. "The Rise of Buddhism in its Historical Context." In *Asian Studies.* 4: 395-411.

——, 1981. "The Evolution of the Concept of the Bodhisattva." In *The Bodhisattva Doctrine in Buddhism*: 19-59. Ed. Leslie Kawamura, Waterloo: Wilfried Laurier University Press.

——, 1990. *The Origins and Development of Classical Hinduism.* Ed. Kenneth G. Zysk. Delhi: Oxford University Press

Bechert, H. 1978. "The Beginnings of Buddhist Historiography: Mahāvaṃsa and Political Thinking." In *Religion and Legitimation of Power in Sri Lanka*: 1-12. Ed. B. L. Smith. Chambersburg, PA: ANIMA Books.

Beyer, S. 1977. "Notes on the Vision Quest of Early Mahāyāna." In *Prajñāpāramitā and Related Systems: Studies in Honor of Edward*

Conze: 329-340. Lancaster, L. Ed. Calif.: Berkeley Buddhist Studies Series.

Boyce, Mary, 1975. "On the Zoroastrian Temple Cult of Fire." *Journal of the American Oriental Society*, Vol.95, No. 3: 454-465.

——, 2001a. "ĀTAŠ" in *Encyclopædia Iranica* Vol. III, Fasc. 1, pp. 1-5. Encyclopædia Iranica Foundation.

——, 2001b. "Mithra the King and Varuna the Master." In *Philologica et linguistica : historia, pluralitas, universitas : Festschrift für Helmut Humbach zum 80. Geburtstag am 4. Dezember 2001*: 239-257. Eds. Maria G Schmidt and Walter Bisang. Trier: Wissenschaftlicher Verlag Trier.

Bodhi, Bhikkhu, 2000. Trans. *The Connected Discourse of the Buddha.* Oxford: Pali Text Society.

Brereton, J. 1988. "Unsounded speech: Problems in the interpretation of BU (M) 1.5.10." *Indo-Iranian Journal*, 31:1-10.

——, 1991. "Cosmological images in the Bṛhadāraṇyaka Upaniṣad." *Indo-Iranian Journal*, 34:1-17.

Brown, P. 1975. "Society and the Supernatural: A Medieval Change." *Daedalus,* Vol. 104, No.2: 133-151.

Brown, W. N. 1931. "The Sources and Nature of pū́ruṣa in the Puruṣasūkta (Rigveda 10.91)." *Journal of the American Oriental Society*, Vol.51, No. 2: 108-118.

Bühler, G. Trans. 1886. *The Law of Manu.* Reprint. 1964. Delhi: Motilal Banarsidass.

Chutiwongs, N. 2003. *The Iconography of Avalokitesvara in Mainland*

South East Asia. Delhi: Aryan Books International.

Collins, S. 1997. "The body in Theravāda monasticism." In *Religion and the Body:* 185-204. Ed. Coakley, S. Cambridge: Cambridge University Press.

——, 1998. *Nirvana and Other Buddhist Felicities. Utopias of the Pali Imaginaire.* Cambridge: Cambridge University Press.

Conze, E. 1967. "The Prajñapāramitā-Hṛdaya Sūtra." In his *Thirty Years of Buddhist Studies*: 148-167. Oxford: Bruno Cassirer.

Cross, F. M. 1973. *Canaanite Myth and Hebrew Epic. Essays in the History of the Religion of Israel.* Cambridge, Mass.: Harvard University Press.

——, 1998. *From Epic to Canon. History and Literature in Ancient India.* Baltimore and London: The Johns Hopkins University Press.

Davis, R. 1991. *Worshipping Śiva in Medieval India. Ritual in an Oscillating Universe.* Princeton: Princeton University.

Descombes, V. 2014. *The Institutions of Meaning. A Defense of Anthropological Holism.* Trans. by Stephen Schwartz. Cambridge, Mass. / London: Harvard University Press.

The Dharma Shastra or the Hindu Law Codes. 1977. Trans. by M. N. Dutt from various law books. Varanasi: Chowkhamba Press, 2nd ed.

Doniger, W. 1973. *Asceticism and Eroticism in the Mythology of Śiva.* Oxford: Oxford University Press.

Dumézil. G. 1988. *Mitra-Varuna.* Trans. By D. Coltman. New York: Zone Books.

Eckel, M. D. 1994. *To See the Buddha. A Philosopher's Quest for the Meaning of Emptiness.* Princeton: Princeton University Press.

Flood, G. 1996. *An Introduction to Hinduism.* Cambridge: Cambridge University.

——, 2002. "The Purification of the Body in Tantric Ritual Representation." *Indo-Iranian Journal,* 45: 25-43.

——, 2006. *The Tantric Body. The Secret Tradition of Hindu Religion.* London/New York: I. B. Tauris.

Foucault, M. 2000. "Truth and Juridical Forms." In *Essential Works of Foucault, 1954-1984.* Vol. 3. *Power:* 1-89. Trans. Robert Hurley et al. Edited. By James Faubion. New York: The New Press.

Fukuyama, F. 2011. *The Origins of Political Order. From Prehuman Times to the French Revolution.* New York: Farrar, Straus and Giroux.

Fuller, C. J. 1992. *The Camphor Flame: Popular Hinduism and Society in India.* Princeton: Princeton University Press.

Geldner, K. G. 2003. Trans. *Der Rig-Veda.* 3 vols. in one. Cambridge, Mass.: Harvard University Press.

Gethin, R. M. L. 2001. *The Buddhist Path to Awakening.* (2nd Edition) Oxford: Oneworld.

Gonda, J. 1989. "Āyatana." *Adyar Library Bulletin,* vol. 23: 1-79.

Grassman, H. 1996. *Wörterbuch zum Rig-Veda.* Überarbeitete und ergänzte Auflage von Maria Kozianka. Wiesbaden: Harrassowitz Verlag.

Great Liberation (Mahānirvāṇa Tantra). 2001. Trans. by J. Woodroffe. Madras: Ganesh & Co.

Harrison, P. 1978. "Buddhānusmṛti in the Pratyutpanna-Buddha-Saṃmukhāvasthita-Samādhi-Sūtra." *Journal of Indian Philosophy,* 6: 35-57.

——, 1992. "Commemoration and Identification in *Buddhānusmṛti*." In *The Mirror of Memory. Reflections on Mindfulness and Remembrance in Indian and Tibetan Buddhism*: 215-238. Ed. Gyatsao, J. Albany: SUNY Press.

Hauschild, R. 1927. *Die Śvetāśvatara-Upaniṣad. Einer kritische Ausgabe mit einer Übersetzung und einer Übersicht über ihre Lehren. (Abhandlungen für die Kunde des Morgenlandes)*, 17. 3. Leipzig: Deutsche morgenländische Gesellschaft.

Hinduism and Law : An Introduction. 2010. Eds. Timothy Lubin, Donald R. Davis Jr., Jayanth K. Krishnan. Cambridge/New York : Cambridge University Press.

Holdrege, B. 2015. *Bhakti and Embodiment: Fashioning Divine Bodies and Devotional Bodies in Kṛṣṇa Bhakti.* London and New York: Routledge Press.

Holt, J. C. 1991. *Buddha in the Crown. Avalokiteśvara in the Buddhist Traditions of Sri Lanka.* New York/ London: Oxford University Press.

Huang, P. 2001. *Who is Brahmacārín and What is Brahmacárya——From the Mytho-Poetic to the Religio-Ethical. A New Interpretation of Early Indian Social-Intellectual History*. Ph. D. Dissertation. Dept. of Sanskrit and Indian Studies. Harvard University.

——, 2009. "The Cult of Vetāla and Tantric Fantasy." In *Rethinking Ghost in World Religions*: 211-235. Ed. Poo, Mu-chou. Leiden: Brill, Numen Book Series 123.

Hyams, P. 1981. "Trial by Ordeal: The Key to Proof in the Early Common Law." In *On Laws and Customs of England: Essays in Honor of*

Samuel E. Thorne: 90-126. Ed. Arnold, M. Chapel Hill: University of North Carolina Press.

Jacobsen, T. 1976. *The Treasures of Darkness. A History of Mesopotamian Religion.* New Haven and London: Yale University Press.

Jamison, S. 2007. *The Rig Veda between Two Worlds.* Paris: de Boccard.

Jamison, S. and Brereton, J. 2014. Trans. *The Rigveda. The Earliest Religious Poetry of India.* 3 vols. New York: Oxford University Press.

Jaini. P. 1979. *The Jaina Path of Purification.* Los Angles and Berkeley: University of California Press.

Jayatilleke, K, N. 1963. *Early Buddhist Theory of Knowledge*. London: George Allen and Unwin.

Jolly, J. Trans. 1880. *The Institute of Vishnu.* Oxford : Clarendon Press.

——, Trans. 1889. *The Minor Law Books*. Oxford: Clarendon Press.

Kapstein, M. 1992. "Remarks on the Mani bKa'-'bum and the Cult of Avalokiteśvara in Tibet." In *Tibetan Buddhism: Reason and Revelation*: 57-93. Eds. D. Goodman and R. Davidson, Albany: SUNY Press.

——, 2000. *The Tibetan Assimilation of Buddhism. Conversion, Contestation and Memory.* Oxford/ New York: Oxford University Press.

Kern, H. Trans. 1965. *The Saddharma-Puṇḍarṃḍarīka or The Lotus of the True Law.* (SBE vol. 21) Reprinted. Delhi: Motilal Banarsidass.

Kinsley, D. 1997. *Tantric Versions of the Divine Feminine. The Ten Mahāvidyās.* Berkeley/Los Angels/London: University of California Press.

Kramrisch, S. 1981. *The Presence of Siva.* Princeton: Princeton University Press.

Kuan, Tse-fu. 2008. *Mindfulness in Early Buddhism. New Approaches through Psychology and Textual Analysis of Pali, Chinese and Sanskrit Sources.* London and New York: Routledge.

Lévi , Sylvain, 1986. *Le Népal. Étude historique d'un royaume hindou.* Reprint ed. 2 vols. Paris, PUF. 1986.

Lingat, Robert, 1993. *The Classical Law of India.* Trans. D. M. Derrett. Los Angeles and Berkeley: University of California Press.

Lüders, Heinrich，1951. *Varuṇa.* Vol. 1 *Varuṇa und die Wasser.* Aus dem Nachlaß hrsg. von Ludwig Alsdorf. Göttingen : Vandenhoeck & Ruprecht.

Macdonell, A. A. 1974. *Vedic Mythology.* Reprinted. Delhi: Motilal Banarsidass.

——, 2000. *Vedic Grammar.* Reprinted. Delhi: Mushiram Manoharlal.

Mus, P. 1964. "La première constitution hindoue-Ṛg Veda X.90." *Annuaires du Collège de France (Résumés des cours)*, Années 64e (1963-64). pp. 327-340.

Oertel, H. 1933. "The background of the pantheistic monism of the Upaniṣads." In *Oriental Studies in Honour of Cursetji Erachji Pavry:* 353-360=1994: 277-284. Ed. Pavry, J. London, Oxford University Press,

——, 1994. *Kleine Schriften.* Teil 1. Eds. H. Hettrich and T. Oberlies. Stuttgart: Franz Steiner.

Oldenberg, H. 1988. *The Religion of the Veda.* Trans. S. B. Shrotri.Delhi:

Motilal Banarsidass.

Oldenburg, U. 1969. *The Conflict between El and Ba'al in Canaanite Religion.* Leiden: E. J. Brill

Olivelle, P. 1998. *The Early Upaniṣads. Annotated Texts and Translations.* Oxford/ New York: Oxford University Press.

——, 2010. "Dharmaśāstra: a textual history." In *Hinduism and Law. An Introduction*: 28-57.

——, 2017. trans. and ed. *A Dharma Reader. Classical Indian Law.* New York: Columbia University.

Padoux, A. 1980: "Contribution à l'étude du mantraśāstra II. nyāsa: l'imposition rituelle des mantra." *Bulletin de l'École Française d'Extrême-Orient.* Vol. 67: 59-102.

——, 1986. "Tantrism." In M. Eliade (editor in chief), *The Encyclopedia of Religion.* Vol: 14: 272-276. New York: Macmillan.

——, 2002. "Corps et cosmos. L' image du corps du yogin tantrique." In *Imagines de corps dans le monde hindou:* 163-187.

Panikkar, R. 1981. *The Unknown Christ of Hinduism: Towards an Ecumenical Christophany.* New York: Orbis Books.

Proferes, T. 2007. *Vedic Ideals of Sovereignty and the Poetics of Power.* New Haven: American Oriental Society.

Salomon, R. 1986. "The Śvatāśvatara and the Nāsadīya : Vedic Citations in a Śaiva Upaniṣad." *Adyar Library Bulletin*, vol. 50:165-178.

Schayer, S. 1926. "Über die Bedeutung des Wortes upaniṣad." in *Rocznik Orjentalistycnzy.* 3: 57-67.

Schlerath, R. 1960. *Das Königtum im Rigveda und Atharvaveda.*

Wiesbaden: Franz Steiner.

Schmidt, H-P. 1968. *Bṛhaspati und Indra. Untersuchungen zur Vedischen Mythologie und Kulturgeschichte.* Wiesbaden: Otto Harrassowitz.

Silburn, L. 1988. *Kundalini. Energy of the Depth.* New York: SUNY Press.

Smith, M. and Pitar, W. 1994-2009. *The Ugaritic Baal Cycle*. 2 vols. Leiden: E. J. Brill.

Speiser, E. A. 1958. "Akkadian Myths and Epics." In *The Ancient Near East. Vol. 1 An anthology of Texts and Pictures*: 31-39. Ed. Pritchard, J. B. Princeton: Princeton University Press.

Studholme, A. 2002. *The Origins of Oṃ Maṇipadme Hūṃ: A Study of the Kāraṇḍavyūha Sūtra.* Albany: SUNY Press.

Tagare, G. T. 1980. Translated and Annotated, *The Nārada Purāṇa, Part 1.* Delhi: Motilal Banarsidass.

Thieme, P. 1968. "ādeśa." *Mélanges d'indianisme à la mémoire de Louis Renou:* 715-723. Paris: E. de Boccard.

Warder, A. K. 1980. *Indian Buddhism.* Second Revised Edition. Delhi: Motilal Banarsidass.

Watkins, C. 1995. *How to Kill a Dragon. Aspects of Indo-European Poetics*. New York/Oxford: Oxford University Press.

White, D. (Ed) 2000. *Tantra in Practice.* Princeton: Princeton University Press.

——, 2002. "Le monde dans le corps du Siddha. Microcosmologie dans les traditions médiévales indiennes." In *Imagines de corps dans le monde hindou*: 189-212.

Witzel, M. 1995. "Ṛgvedic History: Poets, Chieftains and Politics." In

The Indo-Aryans of Ancient South Asia: 307-52. Ed. Erdosy, G. Ed. Berlin: Walter de Gruyter.

Wood, J. tr. 1914. *Yoga System of Patañjali.* Cambridge, Mass.: Harvard University Press.

Yü, Chün-fang. 2001. *Kuan-yin. The Chinese Transformation of Avalokiteśvara.* New York: Columbia University Press.

Zaehner, R. C. 1962. *Hinduism.* Oxford: Oxford University Press.

Ziegler, V. 2004. *Trial by Fire and Battle in Medieval German Literature.* New York: Camden House.

縮寫對照表

AN = Aṅguttara Nikāya《增支部》

AV = Atharva Veda《阿闥婆吠陀》

BĀU = Bṛhadāraṇyaka Upaniṣad《廣林奧義書》

BG = Bhagavad Gītā《薄伽梵歌》

CU = Chāndogya Upaniṣad《歌者奧義書》

Dhp= Dhammapada 《法句經》

DN = Dīgha Nikāya 《長部》

JS = Jayākhyasaṃhitā of the Pāñcarātra Āgama《五夜阿含勝名本集》

KT = Kulārṇava Tantra《族波密續》

KU = Kauṣītaki Upaniṣad《憍尸多基奧義書》

MāU = Māṇḍūkya Upaniṣad 《蛙氏奧義書》

MN =Majjhima Nikāya《中部》

MT = Mahānirvāṇa Tantra《大涅槃密續》

P = Pāli 巴利語

PTS = Pali Text Society 巴利聖典學社

PUF= Presses Universitaires de France 法國大學出版社

RV= Ṛg Veda《梨俱吠陀》

S = Sanskrit 梵語

ŚB = Śatapatha Brāhmaṇa 《百道梵書》

SBB = Sacred Books of the Buddhist《佛教聖典》

SBE = Sacred Books of the East《東方聖典》

SN = Saṃyutta Nikāya《相應部》

Sn = Suttanipāta《經集》

SU = Śvetāśvatara Upaniṣad 《白騾奧義書》

SUNY = State University of New York 紐約大學出版社

T = Taishō shinshū daizōkyō 大正新修大藏經

Th = Theragāthā《長老偈》

Therī = Therīgātā《長老尼偈》

TU = Taittirīya Upaniṣad《泰帝利耶奧義書》

V or vs = 詩文第幾頌（至第幾頌）

Vkn = Vimalakīrtinirdeśa《維摩結經》，《說無垢稱經》

Vin = Vinayapiṭaka《律藏》

語彙對照表

A

abhiṣeka—灌頂
Ācārāṅga-Sūtra—《合儀支分經》
ādeśa—相互對應或替代
ādīnava—逆境、禍患、苦難
Aggañña Sutta, Dīgha Nikāya—《長部・起世因本經》
Agní—阿耆尼
áhi—蛇
ahiṃsā—不忍傷害
Ajita Kesakambalī—阿耆多翅舍欽婆羅
ā́jya—奶油
ākrandaṃ kuryāt—稱名
alaṃkāra—莊嚴
Ambikā—尊母
amṛtatvameti—臻於不死
amṛtatvasyéśāna—不朽自在主
anantavān—無邊
anāśaka—斷食
anattan—無我
aniccatā—無常性
anñāta—陌生人
antárikṣa—虛空
anupassin—隨觀
anupaṭṭhitakāyasatī—無念現前
ardhanārīśvara—半女〔半男〕自在天
Āruṇi—阿盧尼
asaṃvara—無制御
asati—忘失
asubha—不清淨
aśuci—不清淨
asuddha—不清淨
aśuddhādhvan—不淨域
aśvamedha—馬祭
Ātar—祆教火神
Atharva Veda—《阿闥婆吠陀》
ātmán—（自）我，身
Avalokiteśvara—觀自在（觀音）
avatāra—權化
āyatana—入處
āyatanavān—有入處

B

bāhirāyatana—外處
bahu—多
bandhu—關聯性
Bhagavad Gītā—《薄伽梵歌》
bhakta—信者
bhakti—信奉
bhāva—特性
bhāvanā—觀想
bhāvita—修習
bhoga—享樂
bhogyārtha—享受對象
bhoktṛ—享受者
bhuktabhoga—享受過後
bhuktimukti—享樂得解脫
bhūta—粗元素
bhūtaśuddhi—清空（身體內）元素
bodhisatta（bodhisattva）—菩薩
bojjhaṅga—覺支
brahmacariya—梵行
brahmán—行梵者
bráhman—梵、宇宙原則
brahmasaṃstha—住於梵者
brahmavid—知梵者
Bṛhadāraṇyaka Upaniṣad—《廣林奧義書》
Buddhācāra—佛行
Buddhacarita—《佛所行讚》
Buddhavacana—佛言
byang-chub-sems-dpa'—菩薩

C

cakṣus—視覺、眼睛
cattāro satipaṭṭhānā—四念處
cha ajjhattāyatana—六入內處
chadvārā—六門
chaḷāyatana—六入處
chanda—決心、欲望
chándas—音律
chandasamādhi—欲定
Chāndogya Upaniṣad—《歌者奧義書》
Chapāṇa Sutta—〈六獸經〉
cittasaṃkāra—心行

D

dakṣiṇā—答謝、答謝禮
daḷha khīla—堅固柱子
dāna—布施
deva—天神

dhamma—法、正法
Dhammapada—《法句經》
Dharmaśāstras—《法論》
dikṣā—淨身（印度教）
divya—神意裁判
dovārika—門衛
dukkhakkhandha—苦之集成、苦蘊
dvija /dvijāti—再生族
dyú—天空

E

eka deva—獨一神
ekacca-sassatikā ekacca-asassatikā——一部分常住，一部分無常住
ekamevādvitīyam—獨一無二
Enūma Elish—〈天之高兮〉
eṣanā—希求

G

Gāyatrī—誐野坦哩經咒
gocara—行境
gotra—族系
gṛhāvāsa—居士
gter-ma—伏藏
guṇa—德
guṇodbhāvanā—威神功德

H

hastanyāsa—手真言化身
havís—供物
hṛdaya—心

I

idhmá—薪木
Índra—因陀羅
indriya—感官
indriyasaṃvara—根防護，制御感官
īryāpatha—（沙門）威儀
Īśā Upaniṣad—《自在奧義書》
Īśā—自在者
issarakāraṇavāda—尊祐論或神為論
iṣṭadevatā—本尊
Īśvara—自在天

J

Jātaka—《本生經》
Jina—耆那，勝者

jīvita—生命
jñāna—智慧或知見
juṣamāṇa—正在享樂
jyotiṣmān—具光

K

kāma—欲望、色慾
kāmadhātu—欲界
kāmasukha—感官經驗所產生之快樂、欲樂
Kanyākubja—羯若鞠闍國
Kāraṇḍavyūha Sūtra—《佛說大聖莊嚴寶王經》
kara-nyāsa—手真言化身
kárman—宗教儀式、神聖作為、業
karuṇā—悲、慈悲
Kathāsaritsāgāra—《故事海》
Kauṣītaki Upaniṣad—《憍尸多基奧義書》
kaví—詩人
kāya－身，身體（主要為初期佛教所用）
kāyagatāsati—身至念或身念
Kāyagatāsati Sutta—〈身至念經〉
kāyaṃ pūrannānappakārassa asucino—充滿種種不淨之身
kayānupassin—身體觀、隨觀身
kāyasaṃkāra—身行
kāvya—美文體
kiriya—努力
kośa—神水
kośapāna—喝神水
kuṇḍalinī—拙火

L

lipi-nyāsa—書寫真言化身
loka—此世、世間、世界
lokavidū—世間了知者
lokāyatta—順世派或唯物論者
lokeśvara—世間自在
lokiya—世間的
lokuttara—出世

M

madya—酒
Mahādevī—大天女
Mahāhattipadopama Sutta—《中部．大象跡喻經》
Mahānirvāṇa Tantra—《大涅槃密續》

Mahāsatipaṭṭhāna Sutta —〈大念處經〉
mahāsattva—大士
Maheśvara—大自在天
maithuna—性交
māṃsa—肉
mánas—心意（心識）思惟或意念
Maṇi bKa'-'bum—《瑪尼寶冊》
Manusmṛti—《摩奴法論》
māra—（心）魔
Maruts—暴風群神
Mātṛkā-nyāsa—本母真言化身
matsya—魚
māyā—幻化
Mitra—密多羅
moha—愚痴
mṛtyu—死亡
mudrā—手印、焦米
mukti—救度、解脫
muṭṭhasati—失念

N

nagara—城
nāmadheya-grahaṇa—稱名或執持名號
Narāda Purāṇa—《那羅陀往世書》
Nāradasmṛti—《那羅陀法典》
Nāsadīya Sūkta—〈無無有歌〉
ñāta—熟人
nigaṇṭho cātu-yāma-saṃvara-saṃvuto hoti—尼乾子為四禁戒所制御
nirmāṇakāya—化身或應身
nyāsa—真言化身

O

oṃ maṇipadme hūṃ—六字大明咒

P

pabbajjā—捨離
pāda—音步
pajā—生民
pajānāti—了悟
Pakudha Kaccāyana—波拘陀迦旃延
pāṇa—生靈
pañca-indriyāni—五根
pañcakāmaguṇa—五欲功德或五欲樂
pañcamakāra—五摩字
pañcasīlāni—五戒
pañcatattva—五實性

pāṅkto yajñaḥ—五重祭祀
parisuddha—遍淨
paśú—牲畜
paśupati—獸主
paṭhavīdhātu—地界
paṭicasamuppāda—緣起
paṭicca-smuppanna—緣生
paṭikūlamanasikāra—厭逆作意（不淨觀）
Paṭisambhidāmagga—《無礙解道》
phala—果報
phoṭṭhabba—觸
pīti—喜
Prajāpati—生主
Prajāpatya Sūkta—〈生主歌〉
prakāśavān—延展空間
prakṛti—原初狀態、原質
prāṇá—氣息、呼吸、生命
pratiṣṭhā—足
pravrājin—出家，行乞者
Priesterkönig—祭司兼國王
pṛthivī—大地
puññakkheta—福田
puññaphala—福報
puṇyaloka—功德世界
Púruṣa—原人
Puruṣasūkta—〈原人歌〉

R

ratanattaya—佛、法、僧三寶
Rg Veda—《梨俱吠陀》
ṛṣi—歌者、仙人
ṛṣi-nyāsa—仙人真言化身
ṛtá—真理、宇宙秩序
Rudra—樓陀羅

S

sabbakāyapaṭisamvedin—一切身體之經驗
sādhaka—修法者
sādhana—成就法
Śaiva—濕婆教派
Sakka—帝釋天
Sakkapañha, Dīgha Nikāya—《長部．帝釋所問經》
Sakkasaṃyutta, Saṃyutta Nikāya—《相應部．帝釋相應》
sakko devānam indo—眾神之王帝釋天
sākṣin—證人

saḷāyatanā—六入處
samantamukha —面向周遍
Sāṃkhya—數論派
saṃsāra—輪迴
saṃskāra—淨化禮儀
samuddhartṛ—救度者
saṃvara—防護或制御、禁戒
saṃvega—厭離心
saṅga—執著
saṅkhāra—行
sañña—想
śāpa—誓言
śarīra—身體，肉體
sarvagata—無所限制（一切遍）
sarvahút—完整獻祭
sarvam idam—整個世界
sarvatas—到處
saśūka—信神者
sat—有
Śatapatha Brāhmaṇa—《百道梵書》
sati—正念、注意
Satipaṭṭhāna Sutta—〈念處經〉
satya—真理、真實
Satyakāma—薩諦耶迦摩
siddha—成就者
siddhi—成就
sikkhati—修習
śiras—頭
sotāpanna—須陀洹
śraddhā—信仰、心懷淨信
śraddhāvat—信心
śṛṅgāra—情色
śrotra—聽覺、耳朵
śruti—天啟經典（吠陀）
sthūlaśarīra—粗身
subha—清淨
suci—清淨
suddha—清淨
śuddhādhvan—淨域
śuddhi—清淨
sukha—樂
sūkṣamaśarīra—細身
susaṃvuta—守住
Suttanipāta—《經集》
suttappabuddhao va anussarāmi—我隨念如眠覺
Śvetaketu—悉婆多蓋杜
Śvetāśvatara Upaniṣad—《白騾奧義書》
sáman—旋律

T

Taittirīya Upaniṣad—《泰帝利耶奧義書》

taṇhā—渴愛

taṇhākāya—渴愛身

tanmātra—細元素

Tantra—密續

tāntrika—密續行者

tapas—苦行

tat tvam asi—汝就是那〔梵〕

tattva—實性

theism—神觀

trātṛ—救度者

U

Ucchedavāda—斷滅論

Udyāna—烏仗那

upādāna—愛著

upamā—譬喻

upanayana—啟蒙禮

upa-ni-ṣad—奧義

upa＋√ās—尊崇

upāsaka—信男（優婆塞）

upāsikā—信女（優婆夷）

upaṭṭhāna—在場

upaṭṭhitasati—念現前

ūrū́—腰骨

V

vāc—言說、言語

vaíśya—吠舍階級

vāmācāra—左道行

varṇa—階級社會

Váruṇa—伐樓那

Vāyú—風神

vedanā—受

Vedānta —吠壇多

védi—祭壇

vibhutva—無所不在

vidhi—儀軌

vidyādhara—持明者

Vijayasutta—〈勝經〉

vikurvaṇa, vikurvā—自在神力

Vimalakīrtinirdeśa—《說無垢稱經》或《維摩詰所說經》

viññaṇa—識

viññeya—感知或所識

vípra—讚頌者

vīrāj—微羅遮

víś—人民

Visarga—止韻

viśas—宗族、部落

visaya—感官對象

Viṣṇusmṛti—《毗濕奴法典》

Visuddhimagga—《清淨道》

Viśvakarman Sūkta—〈造一切者歌〉

vrātya—浪蕩者

vṛtrá—昆離多、障礙敵

vyāpaka—遍布（全身）

Y

Yahweh—雅威

yajamāna—施主，發願者

yajñá—祭祀

Yajñavalkya—夜婆伽

Yājñavalkyasmṛti—《夜婆伽法典》

yájus—獻詞

yathābhūtam—如實（觀）

yathābhūta-ñāṇadassana—如實知見

yogin—瑜伽行者

專書索引

西文人名

Alberuni（191; 192; 201; 231）
Anālayo（82; 83）
Angot, M.（210）
Bartlett, R.（177）
Basham, A.（116; 135; 136; 221; 225）
Bechert, H.（230）
Beyer, S.（216）
Boyce, M.（35; 36; 196; 197; 198; 209）
Brereton, J.（35; 209）
Brown, N.（207）
Brown, P.（196; 200）
Bühler, G.（191; 192）
Chutiwongs, N.（222）
Collins, S.（231）
Cross, F.（33; 34; 35; 208; 209）
Davis, R.（166; 167; 169）
Descombes, V.（7; 8; 9; 207）
Doniger, W.（157）
Dumézil, G.（27）
Dumont, L.（203）
Eckel, D.（178; 179）
Flood, G.（110; 166; 167; 220; 229）
Foucault, M.（193; 194; 195）
Fukuyama, F.（208）
Geldner, K.（18; 21; 208）
Gonda, J.（211）
Grassman, H.（37; 45）
Harrison, P.（216）
Hauschild, R.（219）
Holdrege, B.（95; 218）
Holt, J.（222; 224）
Hyams, P.（193; 199）
Jacobsen, T.（33; 208）
Jamison, S.（35; 37; 209）
Jayatilleke, K. N.（219）
Jolly, J.（231; 232）
Kapstein, M.（222; 223; 224）
Kern, H.（223; 224）
Kinsley, D.（158; 159）
Kuan, Tse-fu（81）
Lévi, S.（178）
Lingat, R.（231）
Lüders, H.（199; 233）

中文及日文人名

中文專有名詞

二劃：

三劃：

四劃：

五劃：

六劃：

七劃：

八劃：

九劃：

十劃：

十一劃：

十二劃：

十三劃：

十四劃：

十五劃：

十七劃：

十八劃：

二十一劃：

二十五劃：

國家圖書館出版品預行編目資料

宇宙、身體、自在天：印度宗教社會思想中的身體觀 / 黃柏棋著 . -- 初版
臺北市：商周 , 城邦文化出版：家庭傳媒城邦分公司發行 , 2017.08
面； 公分

ISBN 978-986-477-285-8 (平裝)

1. 印度教 2. 宗教哲學 3. 文集

274 106012161

宇宙、身體、自在天：印度宗教社會思想中的身體觀

作　　者／黃柏棋
責任編輯／洪偉傑

版　　權／翁靜如
行銷業務／李衍逸、黃崇華
總 編 輯／楊如玉
總 經 理／彭之琬
發 行 人／何飛鵬
法律顧問／元禾法律事務所　王子文律師
出　　版／商周出版
臺北市中山區民生東路二段 141 號 9 樓
電話：(02) 25007008　傳真：(02)25007759
E-mail：bwp.service@cite.com.tw
發　　行／英屬蓋曼群島商家庭傳媒股份有限公司城邦分公司
臺北市中山區民生東路二段 141 號 2 樓
書虫客服服務專線：(02)25007718；(02)25007719
服務時間：週一至週五上午 09:30-12:00；下午 13:30-17:00
24 小時傳真專線：(02)25001990；(02)25001991
劃撥帳號：19863813；戶名：書虫股份有限公司
讀者服務信箱：service@readingclub.com.tw
城邦讀書花園　網址：www.cite.com.tw
香港發行所／城邦（香港）出版集團有限公司
香港灣仔駱克道 193 號東超商業中心 1 樓
電話：(852) 25086231　傳真：(852) 25789337　E-mail：hkcite@biznetvigator.com
馬新發行所／城邦（馬新）出版集團　Cite (M) Sdn. Bhd.
41, Jalan Radin Anum, Bandar Baru Sri Petaling, 57000 Kuala Lumpur, Malaysia.
電話：(603) 90578822　傳真：(603) 90576622　E-mail：cite@cite.com.my

封面設計／康學恩
內頁排版／郭姵妤
印　　刷／韋懋實業有限公司
經 銷 商／聯合發行股份有限公司
電話：(02)2917-8022　傳真：(02)2911-0053
地址：新北市 231 新店區寶橋路 235 巷 6 弄 6 號 2 樓

2017 年 8 月 10 日初版
定價 400 元

Printed in Taiwan

城邦讀書花園
www.cite.com.tw

 ISBN 978-986-477-285-8

廣　告　回　函
北區郵政管理登記證
台北廣字第000791號
郵資已付，免貼郵票

104 台北市民生東路二段141號2樓
英屬蓋曼群島商家庭傳媒股份有限公司　城邦分公司

請沿虛線對摺，謝謝！

書號：BR0049　　書名：宇宙、身體、自在天　　編碼：

請於此處用膠水黏貼

商周出版

讀者回函卡

感謝您購買我們出版的書籍！請費心填寫此回函卡，我們將不定期寄上城邦集團最新的出版訊息。

姓名：________________ 性別：□男 □女

生日：西元________年________月________日

地址：________________

聯絡電話：________________ 傳真：________________

E-mail ：

學歷：□ 1. 小學 □ 2. 國中 □ 3. 高中 □ 4. 大學 □ 5. 研究所以上

職業：□ 1. 學生 □ 2. 軍公教 □ 3. 服務 □ 4. 金融 □ 5. 製造 □ 6. 資訊
□ 7. 傳播 □ 8. 自由業 □ 9. 農漁牧 □ 10. 家管 □ 11. 退休
□ 12. 其他________________

您從何種方式得知本書消息？

□ 1. 書店 □ 2. 網路 □ 3. 報紙 □ 4. 雜誌 □ 5. 廣播 □ 6. 電視
□ 7. 親友推薦 □ 8. 其他________________

您通常以何種方式購書？

□ 1. 書店 □ 2. 網路 □ 3. 傳真訂購 □ 4. 郵局劃撥 □ 5. 其他______

您喜歡閱讀那些類別的書籍？

□ 1. 財經商業 □ 2. 自然科學 □ 3. 歷史 □ 4. 法律 □ 5. 文學
□ 6. 休閒旅遊 □ 7. 小說 □ 8. 人物傳記 □ 9. 生活、勵志 □ 10. 其他

對我們的建議：________________

____

____

【為提供訂購、行銷、客戶管理或其他合於營業登記項目或章程所定業務之目的，城邦出版人集團（即英屬蓋曼群島商家庭傳媒（股）公司城邦分公司、城邦文化事業（股）公司），於本集團之營運期間及地區內，將以電郵、傳真、電話、簡訊、郵寄或其他公告方式利用您提供之資料（資料類別：C001、C002、C003、C011 等）。利用對象除本集團外，亦可能包括相關服務的協力機構。如您有依個資法第三條或其他需服務之處，得致電本公司客服中心電話 02-25007718 請求協助。相關資料如為非必要項目，不提供亦不影響您的權益。】

1.C001 辨識個人者：如消費者之姓名、地址、電話、電子郵件等資訊。
2.C002 辨識財務者：如信用卡或轉帳帳戶資訊。
3.C003 政府資料中之辨識者：如身分證字號或護照號碼（外國人）。
4.C011 個人描述：如性別、國籍、出生年月日。

請於此處用膠水黏貼